é fácil amar

LISBOA

it is easy to love

LISBON

Texto de / Text by
LUÍS FORJAZ TRIGUEIROS

Fotografia de / Photography by
NUNO CALVET

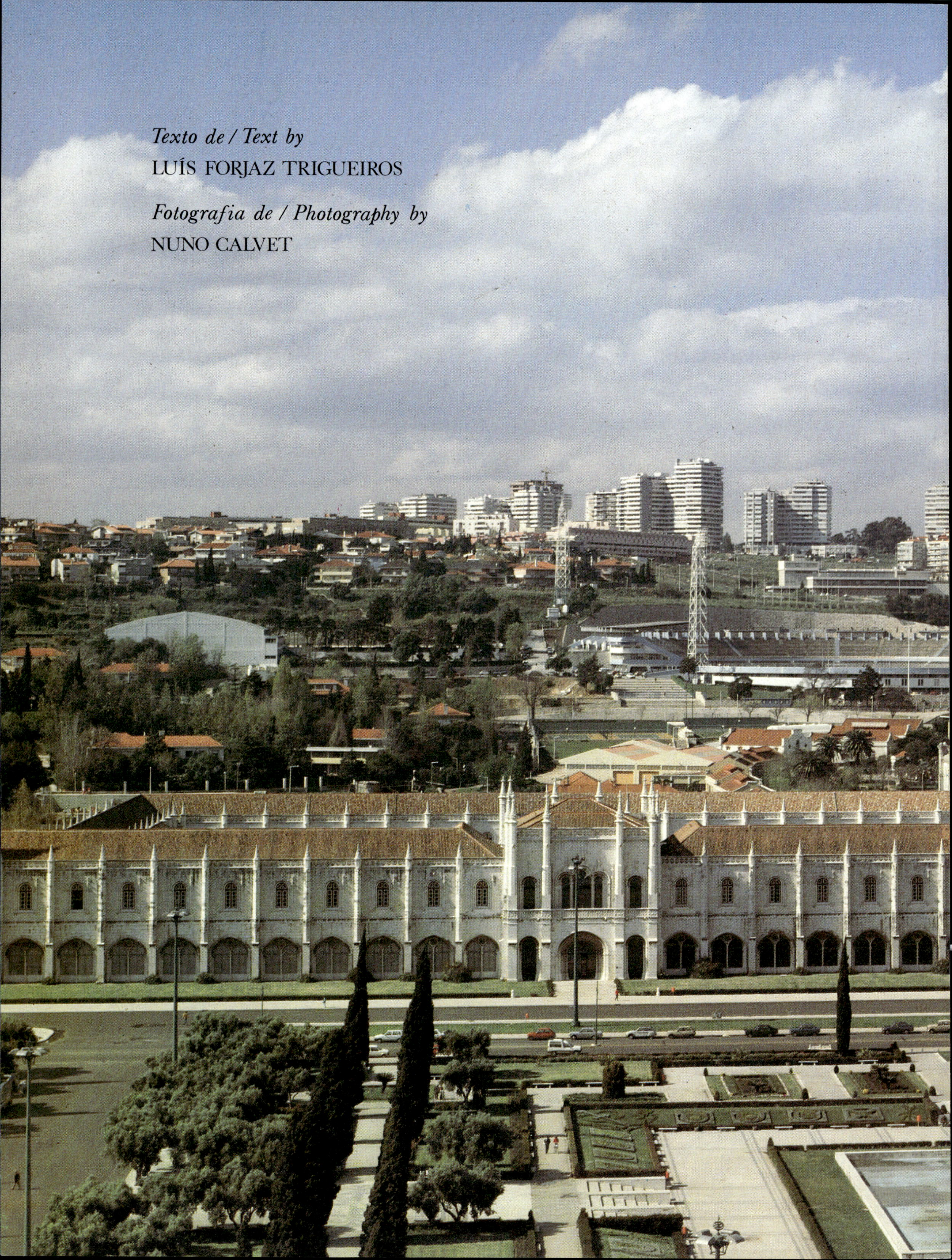

é fácil amar

LISBOA

it is easy to love

LISBON

VERBO

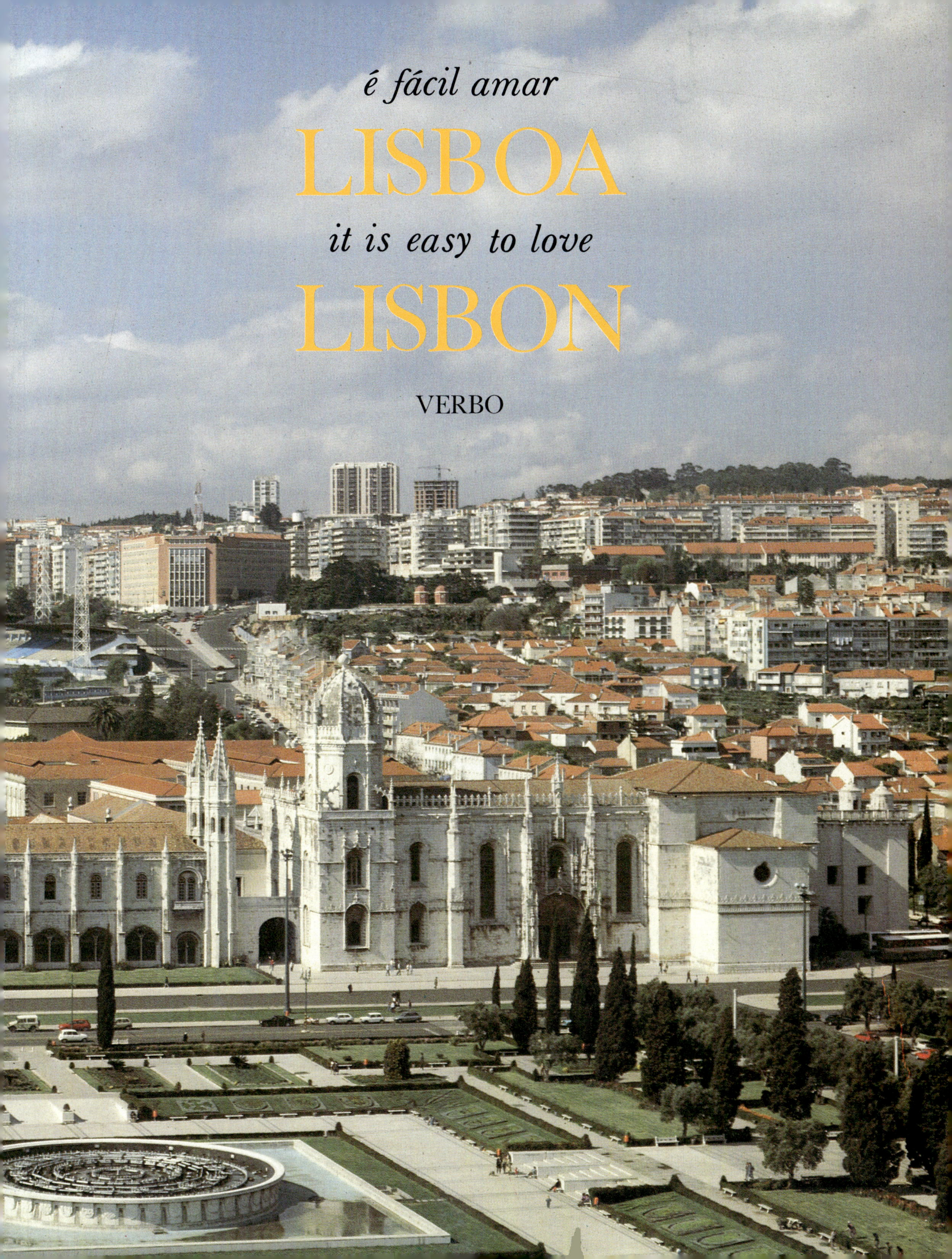

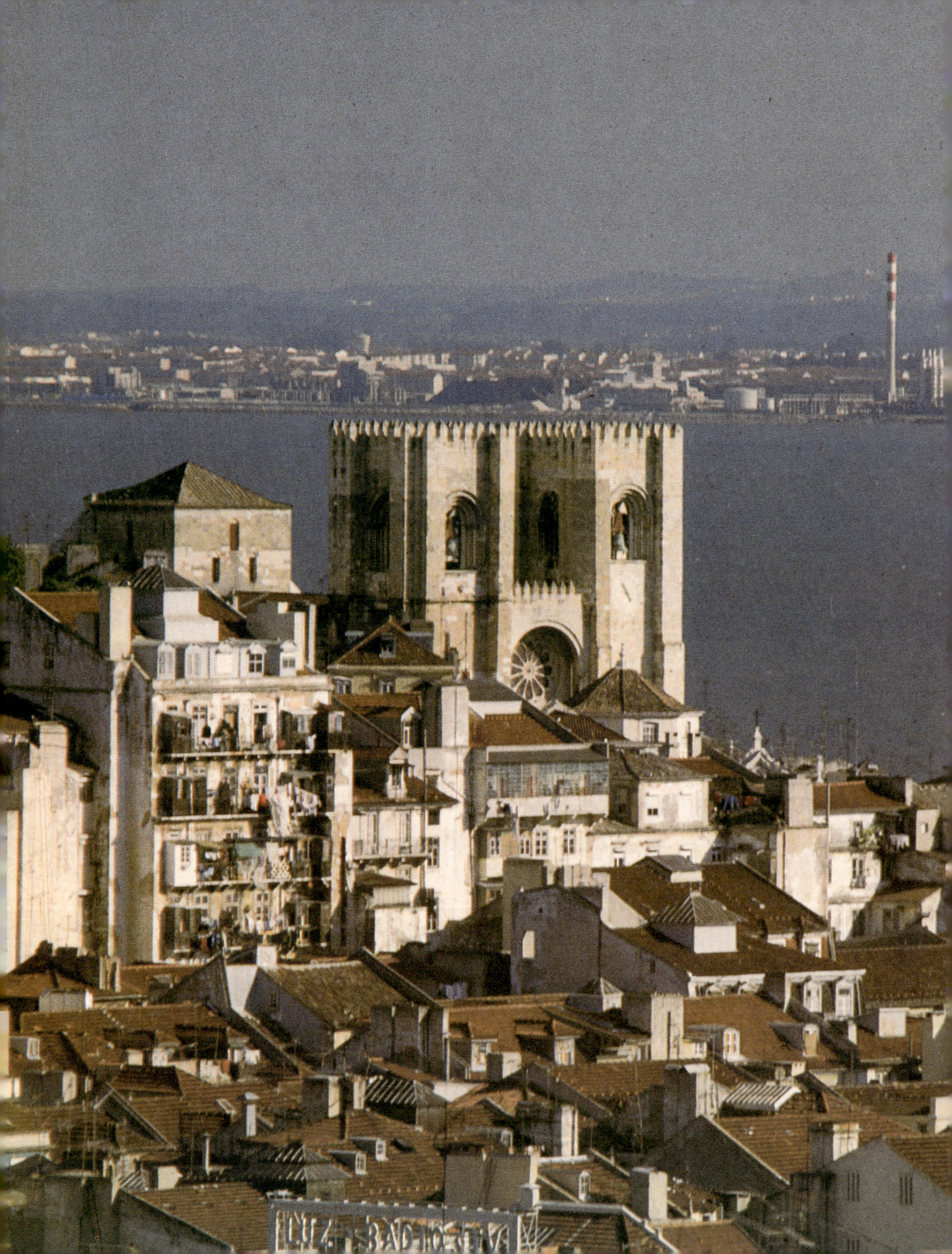

Ao contrário do que sucede com algumas outras capitais europeias, Lisboa não é uma cidade monumental. É, porém, uma cidade monumento: o passado que a ilustra é facilmente detectável em cada esquina dos bairros antigos, nas ameias do seu Castelo, nos pórticos das suas igrejas.

Lisboa como que respira história. Se ela tivesse querido aproveitar as riquezas que acumulou durante um período relativamente curto, o da expansão marítima de Portugal para o Oriente, seria outra a fisionomia da capital portuguesa de hoje, mas não corresponderia, decerto, à imagem real do corpo de que é a cabeça; seria, talvez, mais sumptuosa, ostentando, porventura, entre o fausto e o exótico, o remanescer visível da epopeia, atraiçoaria, porém, o sentido de vida do seu povo.

E, no entanto, esta cidade de cujo rio saíram as caravelas que iriam alterar a face do Mundo ensinando à Europa do final do século XV o caminho marítimo para a Índia e, logo ao romper do século seguinte, o do Brasil, contribuiria então para dar ao Renascimento as imensas aquisições culturais dos novos mundos e, simultaneamente, transformar, com os novos produtos de que seria entreposto, a economia e até os costumes dos outros países.

Todavia, os «fumos da Índia», de que falava o Poeta, apenas muito transitoriamente terão afectado a maneira de ser do português. Homem pronto para a aventura, corajoso na guerra e convivente na paz, atraído pelo mis-

Unlike some other European capitals, Lisbon is not a monumental city. It is, however, a city that is a monument: the past that illustrates Lisbon is easily discernible at every corner of the old quarters, in the battlements of its Castle, in the portals of its churches. Lisbon seems to breathe history.

Had it wished to profit from the wealth that it acccumulated during a relatively short period, that of Portugal's maritime expansion to the Orient, the physiognomy of the Portuguese Capital of our day would be different, though it would certainly not correspond to the real image of the body of which it is the head; it might, perhaps, be more sumptuous, displaying, maybe, amid opulence and the exotic, the visible vestiges of the epic; it would betray, however, the tenor of life of its people.

And yet this city, from whose river set sail the caravels that were to alter the face of the world by showing to the Europe of the end of the 15th Century the sea route to India and, in the early days of the next century, the way to Brazil, was then to help to give the Renaissance the immense cultural acquisitions from the new worlds and, at the same time, with the new products for which it became the entrepot, transform the economy and even the customs of other countries.

Nevertheless, the «breath from the Indies», of which the Poet spoke, only transitorily affected the way of being of the Portuguese. Men ready for adventure, courageous in war and sociable in time of peace, attracted by the

Fronteira ao Tejo, a velha Sé

Overlooking the Tagus is the old Cathedral

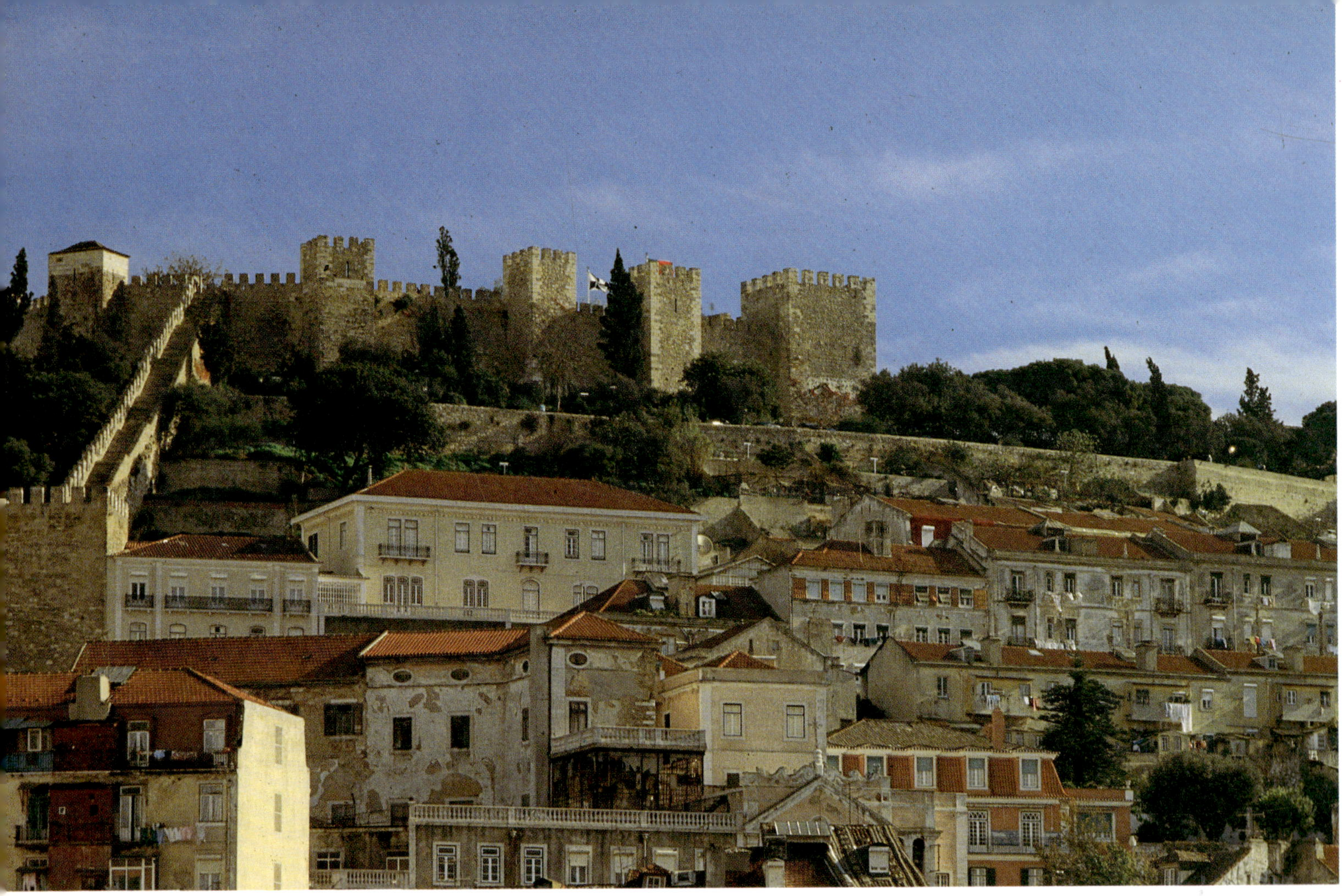

O Castelo de São Jorge

São Jorge Castle

tério e cioso do que lhe pertence, pronto nos juízos mas, se necessário, prudente na reflexão, o Português sendo sonhador é pragmático e todas estas aparentes contradições reúnem-se, como é natural, na imagem histórica da capital. Nem admira que seja assim, diversa e ao mesmo tempo una, pois da colónia fenícia que segundo alguns eruditos lhe terá dado o nome *(Allis ubo)* a Município romano *(Felicitas Julia)*, presa, depois, de visigodos e no século VII tomada pelos Mouros e sucessiva e alternadamente pelos Sarracenos e pelos reis de Leão, ela viria a ser conquistada para a Cristandade pelo primeiro rei português, D. Afonso Henriques, numa cruzada que integrava também ingleses, alemães e flandrenses. De tão diversificadas influências teria Lisboa de dar testemunho ao longo dos séculos. Aliás, historiadores e sociólogos, portugueses e estrangeiros, sempre reconheceram a sua capacidade receptiva às ideias e aos costumes alheios sem perda da personalidade e da identidade. E é assim, aberta

mysterious, but jealous of what is theirs, quick witted but, if need be, prudent in reflection, Portuguese the though dreamers are pragmatic, and all these apparent contradictions are naturally combined in the historical image of the Capital.

Nor is it surprising that this should be so, a town that is diverse and at the same time a unit, since it was first a Phoenician colony that according to some scholars gave it its name (Allis Ubo), *then a Roman municipium* (Felicitas Julia), *later to be captured by the Visigoths and in the 7th Century A. D. by the Moors and was then alternately held by the Saracens and the Kings of Leon, finally to be conquered for Christendom by the first King of Portugal, Dom Afonso Henriques, in a Crusade that integrated also English, Germans and Flemings. Lisbon was to bear witness to such a diversity of influences during the course of the centuries. Historians, sociologists, both Portuguese and foreign, have in fact always recogni-*

a tudo, concentrada em si mesma, entre a grandeza na história e a simplicidade na vida, que Lisboa caminha para os nove séculos.

No mesmo ano de 1147 em que Lisboa foi tomada aos Mouros, mandou D. Afonso Henriques erigir a sé catedral. O cruzado Osberno, que terá sido o primeiro cronista da cidade, pois tomou parte nas batalhas da conquista, deixou a sua Crónica (hoje já divulgada: durante centenas de anos foi ignorada até ter sido «descoberta», em 1856, na Biblioteca do Colégio do Corpo de Cristo, em Cambridge) e aí fala da «purificação» do que teria sido uma mesquita árabe. No entanto, está provado ter sido D. Afonso Henriques a promover a sua construção na totalidade e o templo é considerado um representativo exemplar do estilo romano-gótico, apresentando, embora, como é natural, influências de outros estilos e épocas. Os sismos, frequentes nos séculos XIV e XV, e a voga de adaptação dos edifícios reli-

sed its capacity for absorbing alien ideas and customs without losing its personality and identity. And it is thus, open to everything and concentrated in itself, amid grandeur in history and simplicity in its life, that Lisbon has continued for nearly nine centuries.
In 1147 Lisbon was taken from the Moors and in that same year Dom Afonso Henriques ordered the building of the Cathedral. The Crusader Osberne, who must have been the city's first chronicler, since he took part in the battles of the conquest, left his Chronicle (now made known after being ignored for hundred of years until it was 'discovered' in 1856 in Corpus Christi College Library in Cambridge) speaks of the 'purification' of what was probably an Arab mosque. It has been proved, however, that it was Dom Afonso Henriques who was responsible for complete construction of the Cathedral, and the temple is considered to be a representative example of the Romanesque-Gothic, though it naturally shows the influence of other styles and epochs.

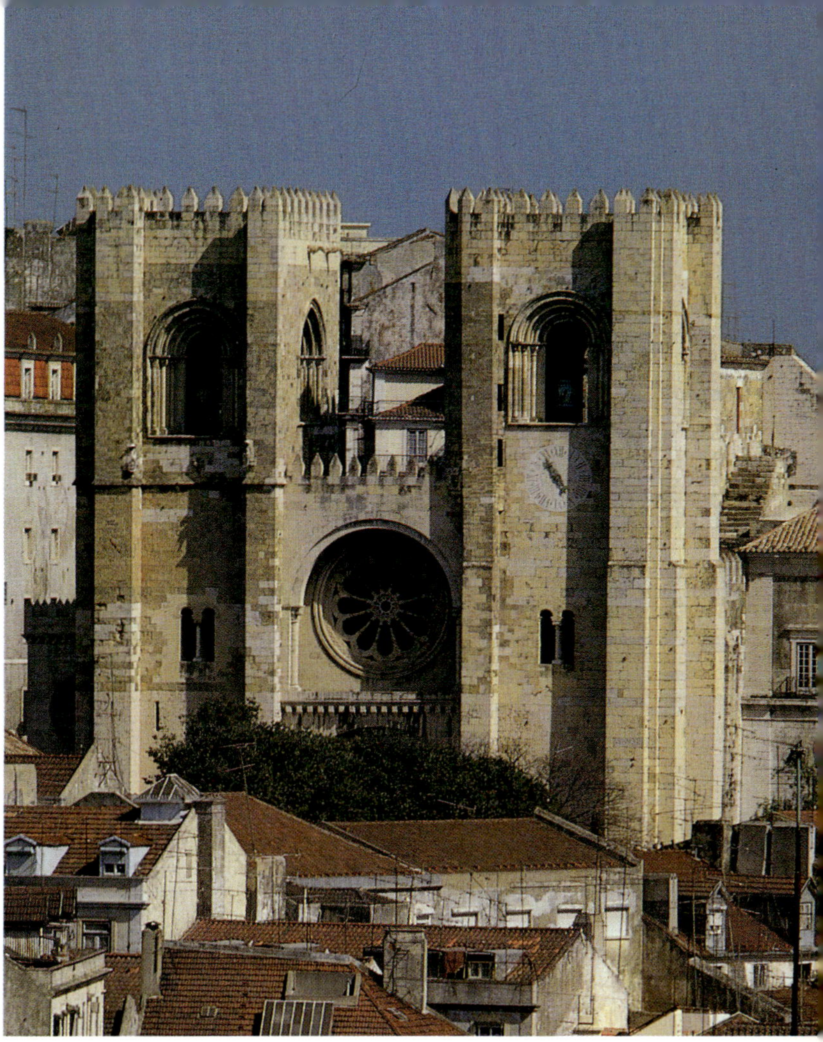

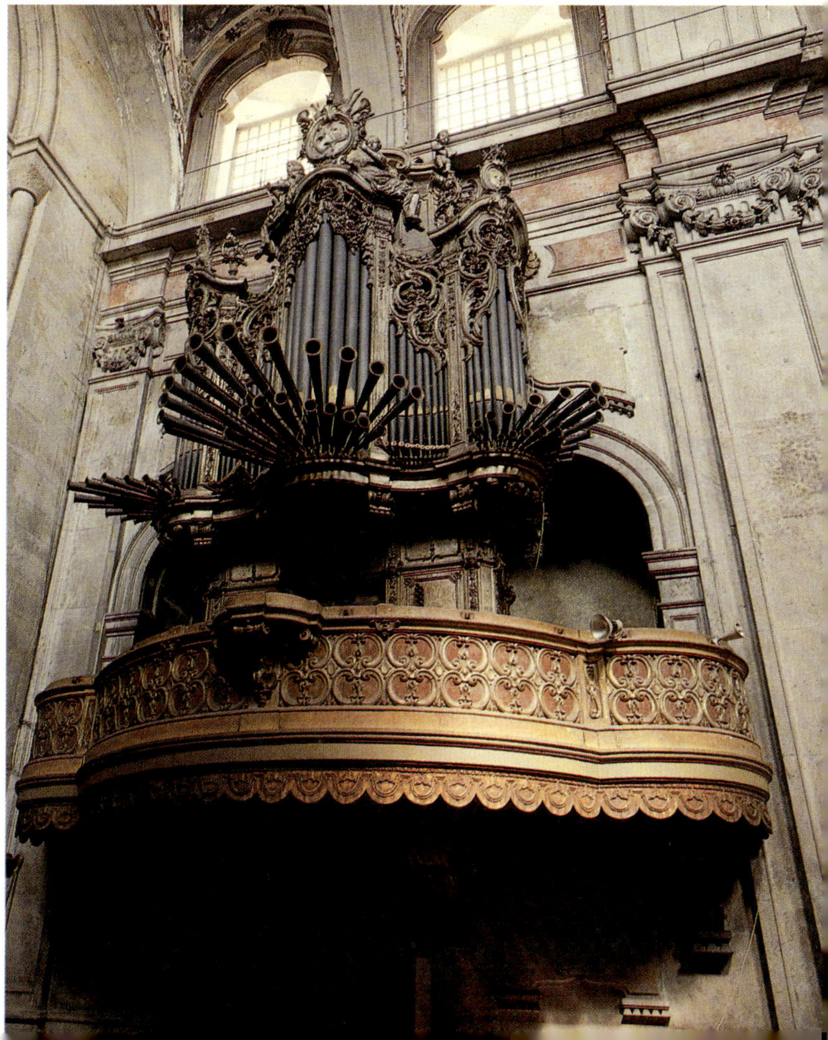

A Sé Catedral e o seu magnífico órgão
The Cathedral and its magnificent organ

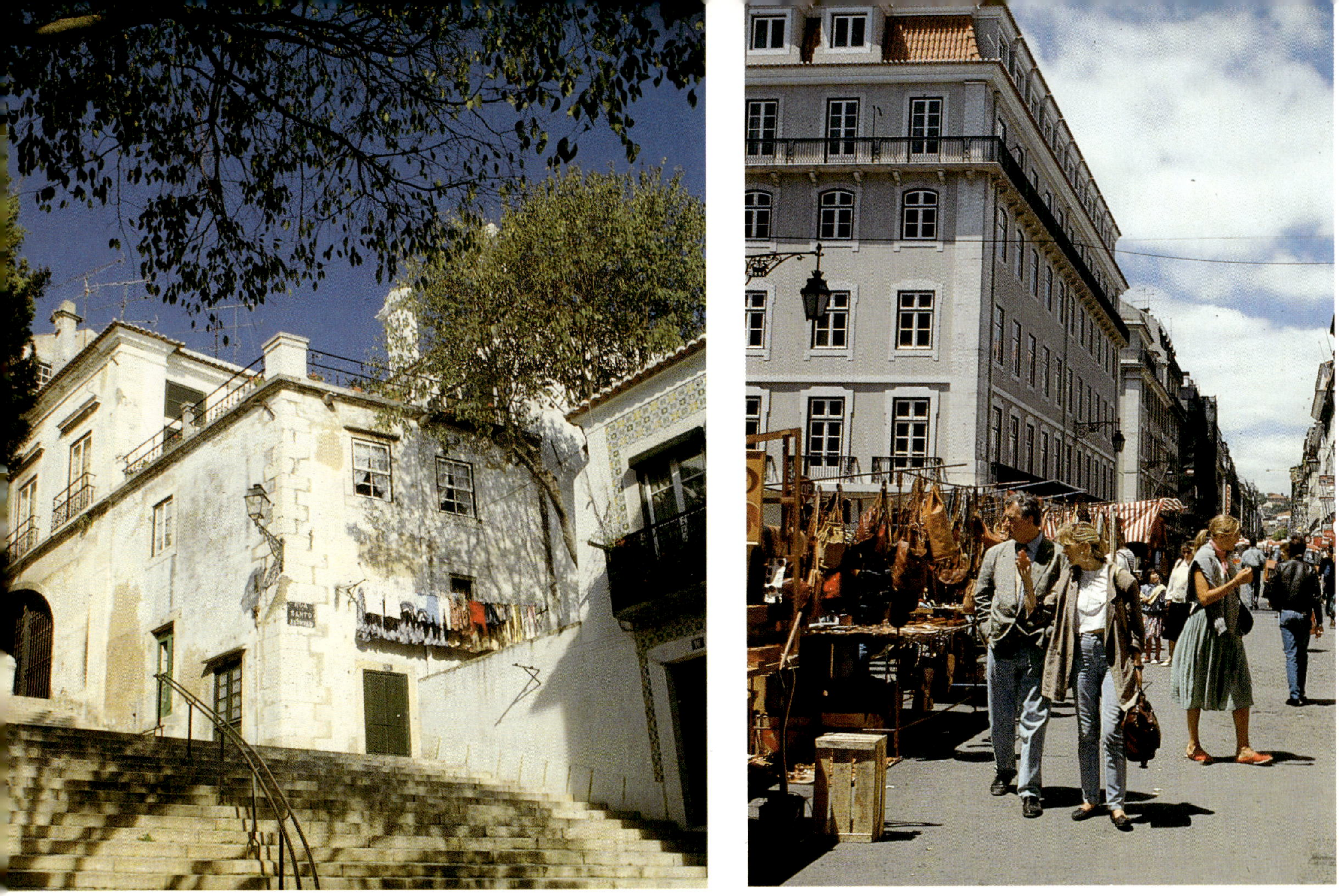

Escadinhas de Alfama e, na Rua Augusta, artesãos e turistas
Steps in Alfama, craftsmen and tourists in Rua Augusta

giosos ao estilo da época, no século XVII e até nos seguintes e o grande terramoto de 1755, terão afastado a sé de Lisboa da sua traça original.

Assim é bem significativo da cidade o seu templo inicial: por exemplo, enquanto a nave principal data da fundação, no século XII, o portal é do século XVIII. O valor histórico da catedral está, portanto, para além da sua representatividade artística.

Pelas ruas que levam da Baixa pombalina até ao Castelo de S. Jorge e pelas que dali descem para Alfama ou sobem para a Graça, e daqui, do panteão da família real de Bragança na Igreja de S. Vicente de Fora, pelas outras ruas que novamente descem para o rio, deixando no percurso a Feira da Ladra (teimosa resistente, a nível popular, ao enxame de Antiquários, modestos ou luxuosos, que vão abrindo e fechando as suas portas pela cidade fora), dir-se-ia com alguma razão que é sempre o Tejo,

Earthquakes, which were frequent in the 14th and 15th Centuries, and the fashion for adapting religious buildings to the style of the period, in the 17th Century and even in subsequent centuries, besides the great earthquake of 1755, have deviated Lisbon Cathedral from its original design. The city thus has as its initial temple an edifice that represents it well: while the main nave dates from the foundation in the 12th Century, the doorway dates from the 18th Century. The historical value of the Cathedral therefore goes beyond its artistic representativity.

Along the streets that lead from the Baixa Pombalina (lower town conceived by the Marquis of Pombal after the 1755 earthquake) up to the São Jorge Castle, along those that from there descend to Alfama or climb up to Graça, and thence to the Pantheon of the Royal Family of Bragança in the Church of São Vicente de Fora, along others that again

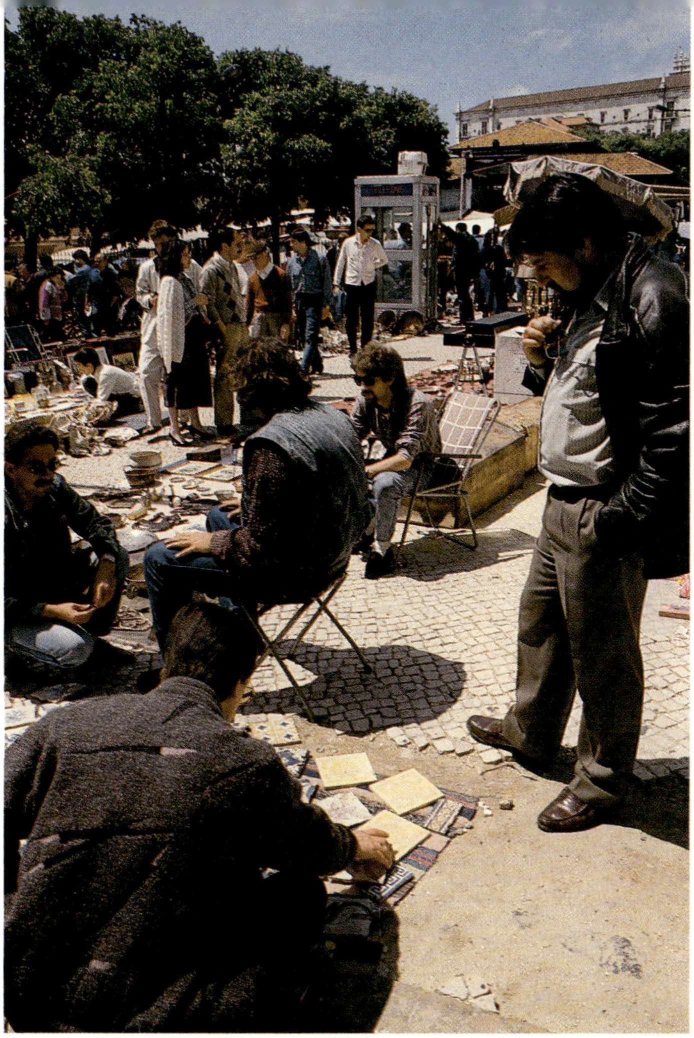

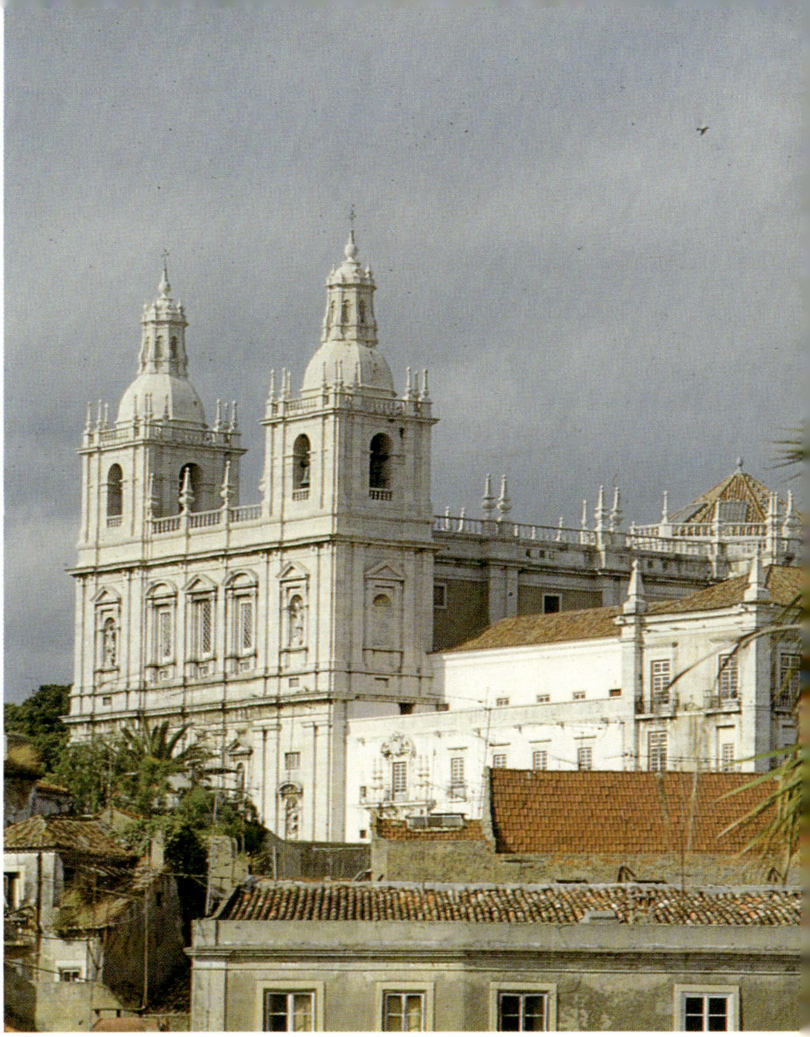

Tudo se compra e vende na Feira da Ladra. *Ao lado:* o Mosteiro de S. Vicente de Fora
Everything is bought and sold at Feira da Ladra. At the side: *Monastery of São Vicente de Fora*

visível ou invisível, que vai acompanhando o Lisboeta. Este, mesmo se distraído, sabe-o omnipresente, ao Tejo — apoio, fuga, miragem e, sobretudo, história. Por isso o amor do Lisboeta pelo Tejo é feito de inocência e de confiança. Com o Tejo, essa mesma cidade de contrastes e de contradições, apenas se dualiza ou desdobra — a face do rio é policroma e variada na margem direita se do outro lado a contemplamos, porém rígida e severa na margem esquerda.

Do Castelo de S. Jorge, a paisagem não pode ser olhada como tema de postal ilustrado para recordação, há também que ser pensada, embora esse tipo de reflexão a céu aberto possa ser difícil. É que visto dali, o rio aparece como uma fronteira a separar dois mundos que se completam. Os núcleos industriais da Outra Banda, o galope urbanístico de Almada, os esteiros do rio como que tendo violado a terra pronta mas onde há poucas dezenas de anos

lead down to the river, passing through the Feira da Ladra (a kind of Petticoat Lane market that obstinately resists the horde of antiquarians, modest or luxurious, who steadily open and close throughout the city), it can be justly said that it is always the Tagus, visible or invisible, that accompanies the Lisboeta. And he knows, even when he is distrait, that the Tagus is omnipresent — support, escape, mirage and, above all, history. That is why the Lisboeta's love of his river is made up of innocence and confidence. With the Tagus, this same city of contrasts and contradictions has only a dual nature — the aspect of the river is polychrome and varied on the right bank if we regard it from the other side, but stiff and severe on the left bank.

From the heights of the Castle of São Jorge the landscape cannot be looked at as if it were the theme of a picture postcard for a souvenir, it must also be contemplated, though this kind

eram hortas e pinhais, cresceram estaleiros, armazéns, chaminés, silos. No topo, a estátua a Cristo-Rei dominando a ponte inaugurada em 1966 e pela qual escorre o lento trânsito diário dos que vão ou vêm para o trabalho e nos fins-de-semana dos que procuram as praias da Caparica, Sesimbra e limítrofes ou se deslocam para o Sul. Tudo é Lisboa, mesmo quando já não é Lisboa. De Almada, da ponte, do Castelo de S. Jorge, o espectáculo visual que ela nos oferece é, simultaneamente, mais um contraste da cidade, um apelo da imaginação e uma chamada ao real. Dos altos da Penha de França ou da Graça, podem os olhos abranger esse minicosmorama de contradições que harmonizam, a partir das ameias do Castelo, o esquematismo da Baixa e, mais longe, a mancha das Avenidas na paisagem, e pela encosta, o cromatismo lisboeta que, sobretudo nos bairros antigos, mantém sob o céu azul da capital a diversidade dos tons tradicionais do casario — o ocre, o amarelo leve, o róseo, tentação de pintores. Aí, o desafio nem chega a ser contraste, as cores coadunam-se. Segue-se o curso do rio até à Barra e os olhos de novo se enchem de História. Lá estão o Padrão dos Descobrimentos, o Mosteiro dos Jerónimos, a Torre de Belém. E em dias de céu limpo a serra de Sintra recorta, lado a lado, o Castelo dos Mouros na crista de um dos seus montes e noutro o Palácio da Pena, construído com imaginativo dramatismo germânico pelo rei D. Fernando, no século XIX. É o cenário imprevisto, uma fronteira distante como que semelhando a ondulação marítima no recorte breve da cumeada.

É fácil amar Lisboa. Amam-na os que nasceram aqui, pequena pátria de cada um; amam-na os que vieram do campo, da montanha ou do litoral para ganhar a vida sem perderem na emigração, destino de tantos desde sempre, o solo pátrio; amam-na os estrangeiros, os que vêm fazer turismo ou trabalhar, ou estudar, ou por aqui passam em trânsito e se atardam para

of open-air reflection may be hard. The fact is that from there the river appears as a boundary separating two worlds that complete one another. The industrial plants of the South Bank, the urban development frenzy of Almada, the arms of the river that have as it were violated the land where until a few decades ago were market gardens and pinewoods but now grow shipyards, warehouses, chimney stacks, silos. Up above, The Christ King statue dominating the bridge that was inaugurated em 1966 and over which slowly flows the daily traffic of people on their way to or from work and at weekends those heading for the beach at Caparica, Sesimbra and nearby places or further south. Everything is Lisbon even when it is not Lisbon.

From Almada, from the Bridge, from São Jorge Castle, the spectacle is simultaneously yet another contrast of the town, an appeal to the imagination and a call to what is real. From the hill of Penha de França, in Graça, the eye can take in this mini-cosmorama of contradictions that are harmonized from the Castle battlements, the schematic design of the Baixa *and, further away, the furrows cut by the great* Avenidas *in the landscape, and on the slopes the chromatic pattern of Lisbon that especially in the old quarters, under the blue sky of the capital, retains its diversity in the traditional tones of the houses — ochre, light yellow, pink, to tempt painters. There, the diversity does not even become a contrast, the colours combine. Following the course of the river as far as the bar, the eye is again regaled with history. There stands the Monument to the Discoveries, Jerónimos Abbey, Belém Tower. On a clear day the Serra de Sintra stands out, with the Moorish Castle on the crest of one of its peaks and Pena Palace on another, the latter built with German dramatic imagination by King Fernando, in the 19th Century. This is an unforeseen scenario, a distant frontier that seems to reproduce the undula-*

A ponte sobre o Tejo é já um ex-líbris da cidade

The Tagus Bridge has become a symbol of the city

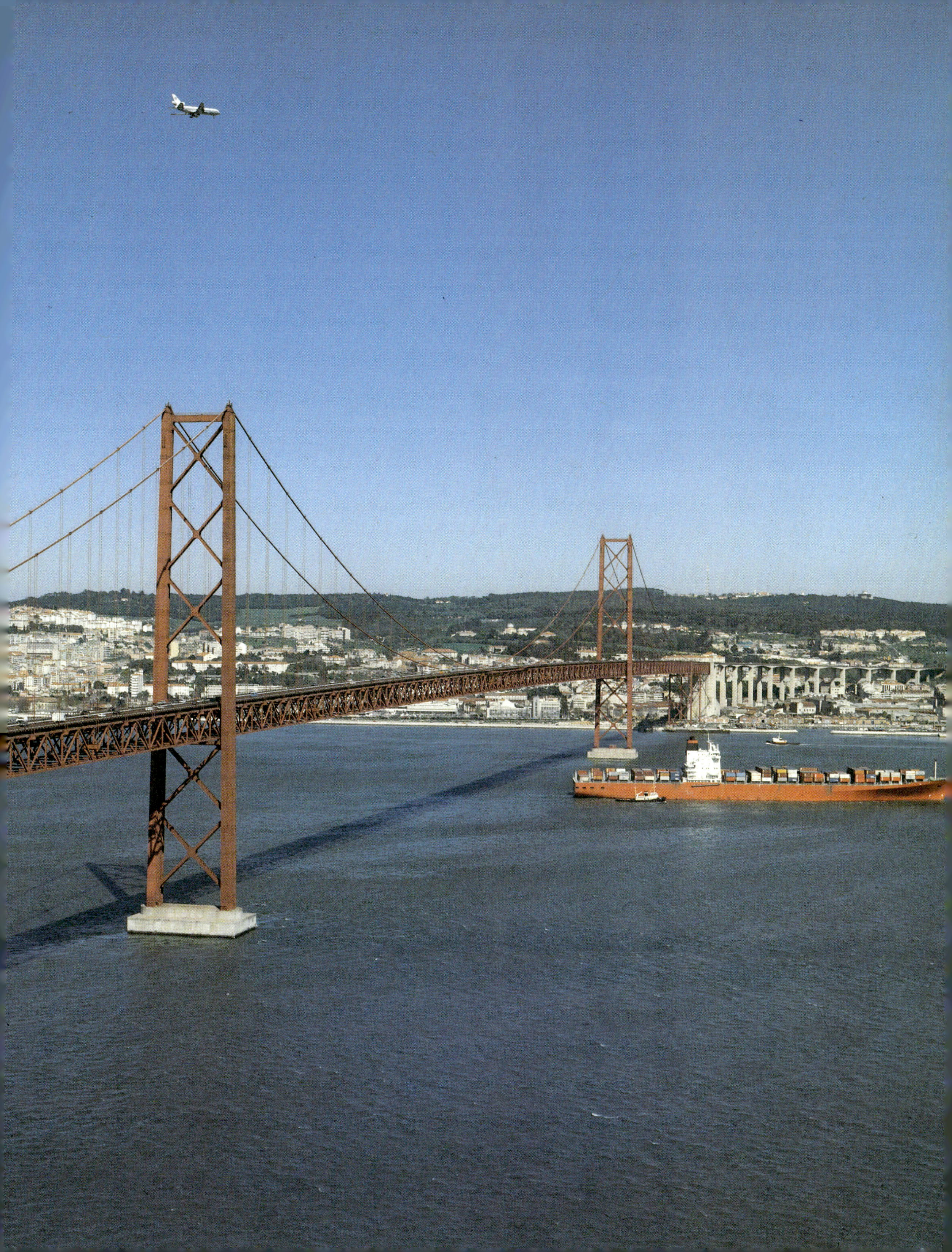

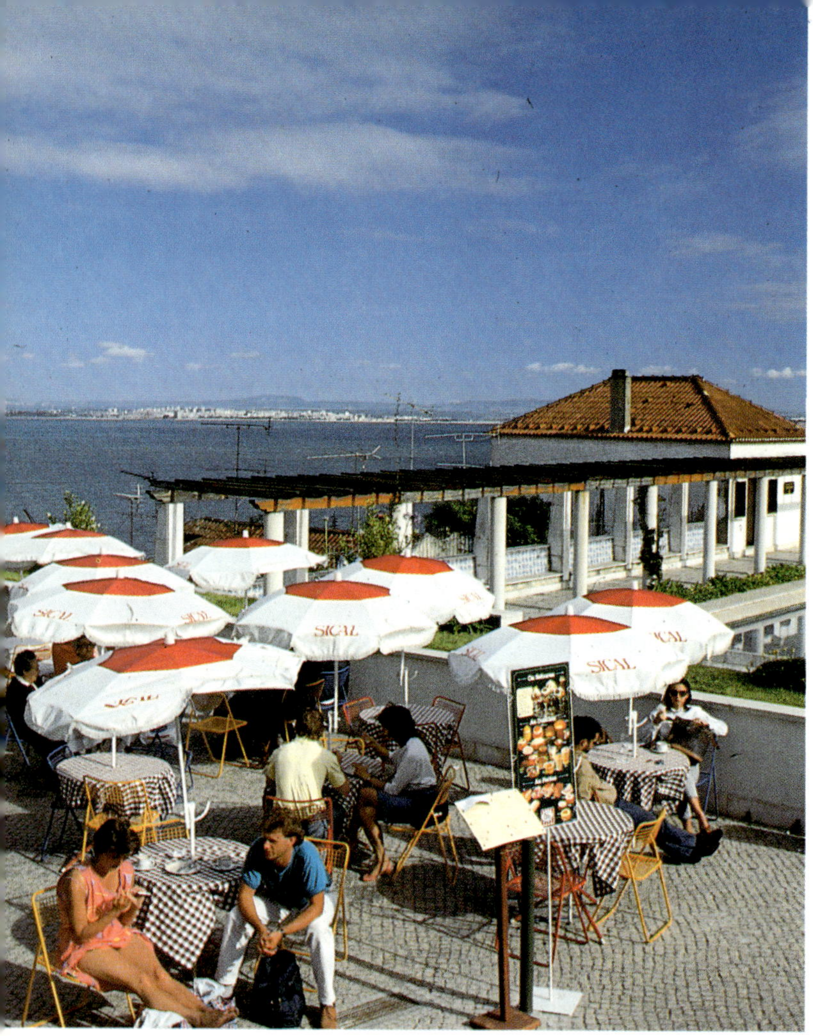

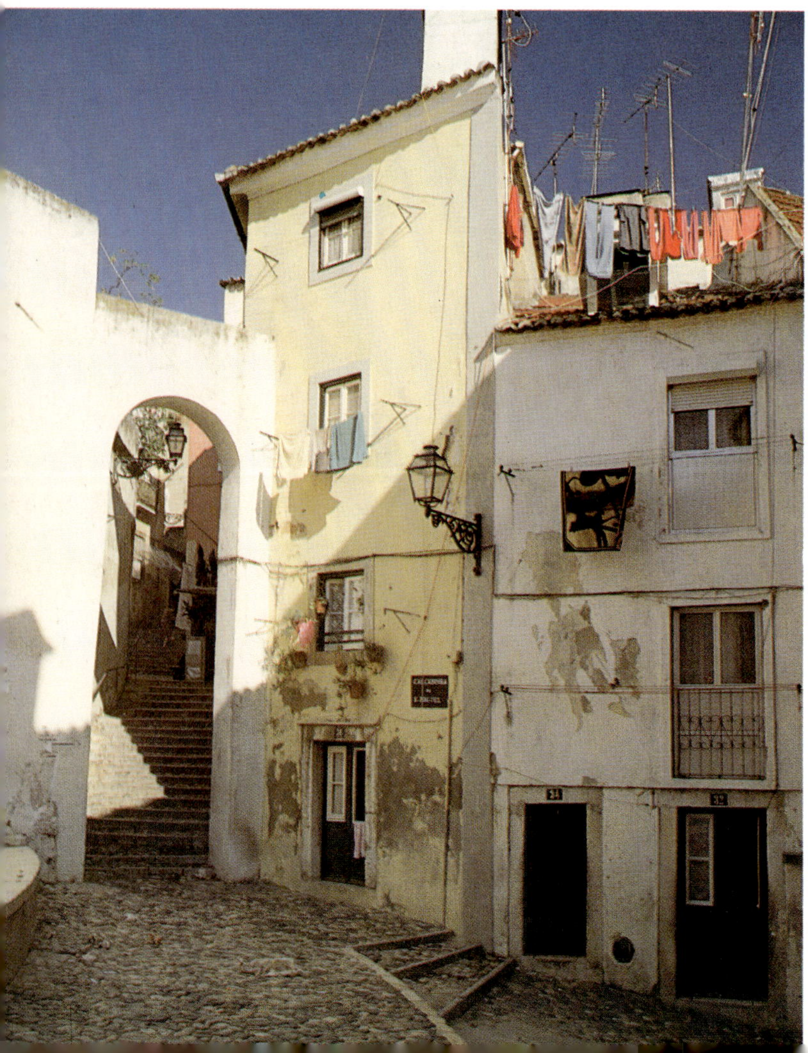

nos conhecer melhor. Lisboa é tudo o que se vê, tudo o que nos oferece, tudo o que nos desvenda, ensina ou revela, mas é também tudo o que não se vê imediatamente e que aos poucos, breves dias bastam, nos vai transmitindo. Há um encanto, um certo mistério, uma subtil envolvência, nesta velha senhora que não deixa de surpreender-nos com a sua juventude. É uma atmosfera indefinível, a de Lisboa, no entanto é uma atmosfera quase táctil. Dir-se-ia mais simplesmente: Lisboa é uma atmosfera.

Antes de descermos da Graça, da Penha de França ou do Castelo de S. Jorge para Alfama, já o Miradouro de Santa Luzia nos oferece uma vista de conjunto do velho bairro, o labirinto

---

tion of the sea in the brief profile of the range of hills.

It is easy to love Lisbon. Loved it is by those born here, little homeland to them all; loved by those who came from the country, mountains or coast to earn a living without emigrating, like so many have always done, leaving their native soil; loved by the foreigners who come here as tourists or to work or study, or who happen to pass through and then tarry in order to get to know us better. Lisbon is all the things one sees, all it offers to us, everything that it discloses, teaches or reveals, but it is also all the things that we do not see at once and which, little by little but in a few brief days, it gradually transmits to us. There is a spell, a certain mystery, a subtle attachment in this old lady who can surprise us with her youthfulness. It is an undefinable atmosphere, that of Lisbon, but it is an atmosphere that is almost tangible. In other words, Lisbon is an atmosphere in itself.

Before we go down from Graça, Penha de França or the Castle of São Jorge to Alfama, the Santa Luzia belvedere will give us an overall view of this quarter, its maze of nar-

O Miradouro de St.ª Luzia e uma das muitas «calçadinhas» de Alfama

Santa Luzia Belvedere and one of Alfama's many steep «calçadinhas»

das suas ruas estreitas mais fáceis de entender assim. Alfama, «refúgio» ou «couto», segundo Júlio de Castilho que filia o nome do bairro, «póvoa semimarítima encastelada ladeira acima», no verbo árabe *hamá*, que quer dizer isso mesmo. Por ali começava a cidade antiga, a que descia do Castelo até ao Chafariz de El-Rey, no caminho para o Terreiro do Paço. Já os Mouros haviam defendido a cidade com dois longos muros que partiam do Castelo: a Cerca Moura. Perante o cerco da cidade de 1373, por Henrique II, de Castela, o rei D. Fernando decidiu mandar construir uma muralha que cobria perto de 100 ha, dotada de 77 torres e que fechava a cidade num perímetro de 6,5 km. A muralha fernandina é hoje bem visível, ainda, em muitos pontos do seu percurso, mas é, sobretudo, no Bairro de Alfama que ela se mantém mais evidente, mais impressionante na sua existência de seis séculos.

Alfama, bairro de marinheiros e de gente

row streets being easier to understand from this point. Alfama, 'refuge' or 'asylum', according to Júlio de Castilho, who finds the origin of the name Alfama, *described as «a semi-maritime village scrambling up the slope of the hill», in the Arabic verb* hamá, *which means precisely that. There began the ancient town, which descended from the Castle to the fountain called Chafariz de El-Rey, on the way to Terreiro do Paço. The Moors had defended the town with two long walls that started at the Castle, the 'Cerca Moura'. During the siege of the town in 1373, by Henry II of Castile, King Fernando of Portugal decided to build a wall that would cover some 100 hectares, equipped with 77 towers, enclosing the town within a perimeter of 6.5 kilometres. The* Muralha Fernandina *is still visible at many points but it is above all in the district of Alfama that it is most in evidence, more impressive in its ability to last for six centuries.*
Alfama, a district of seafarers and port work-

O Tejo visto do Miradouro de St.ª Luzia
The Tagus seen from the Belvedere of Santa Luzia

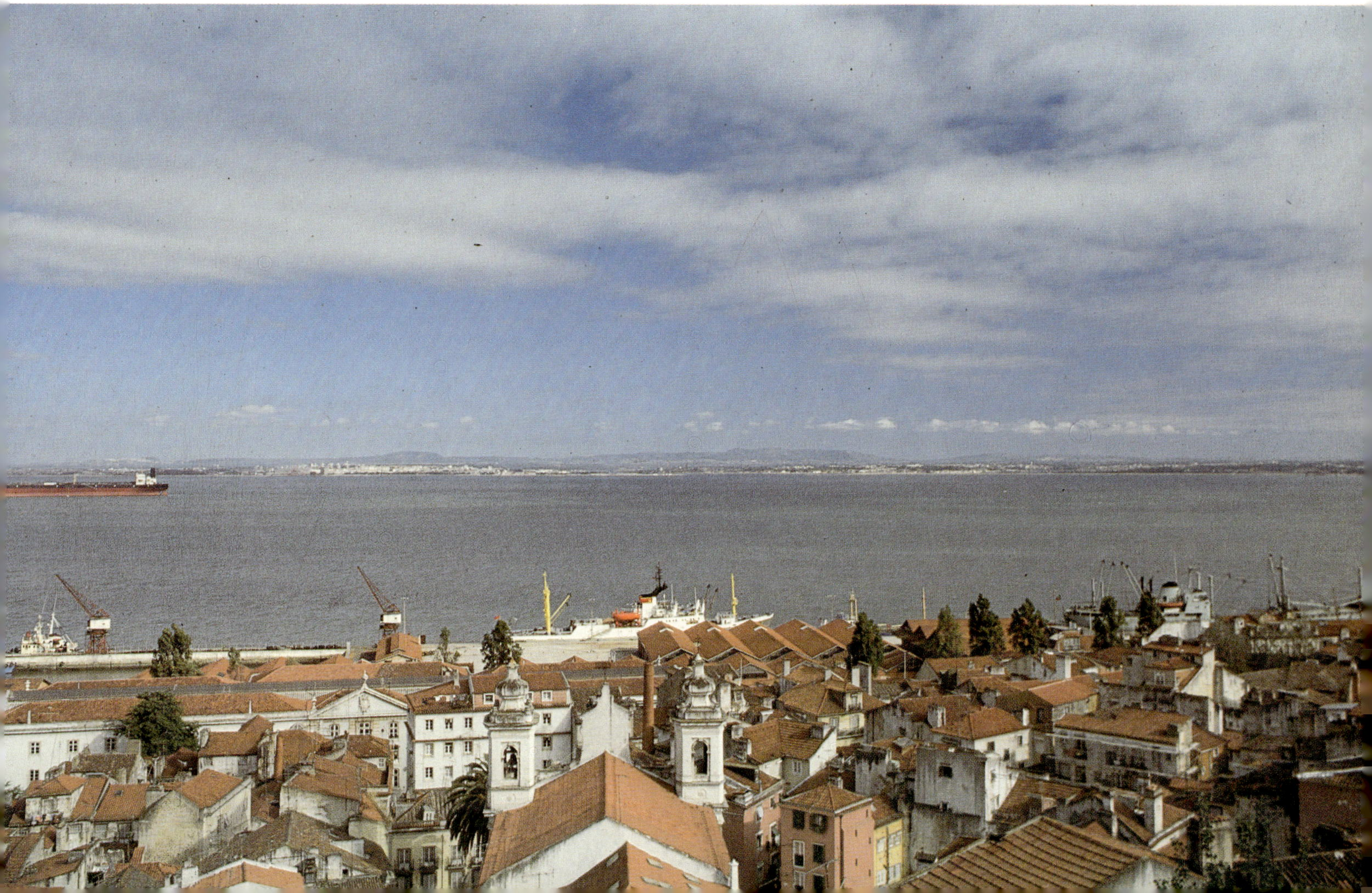

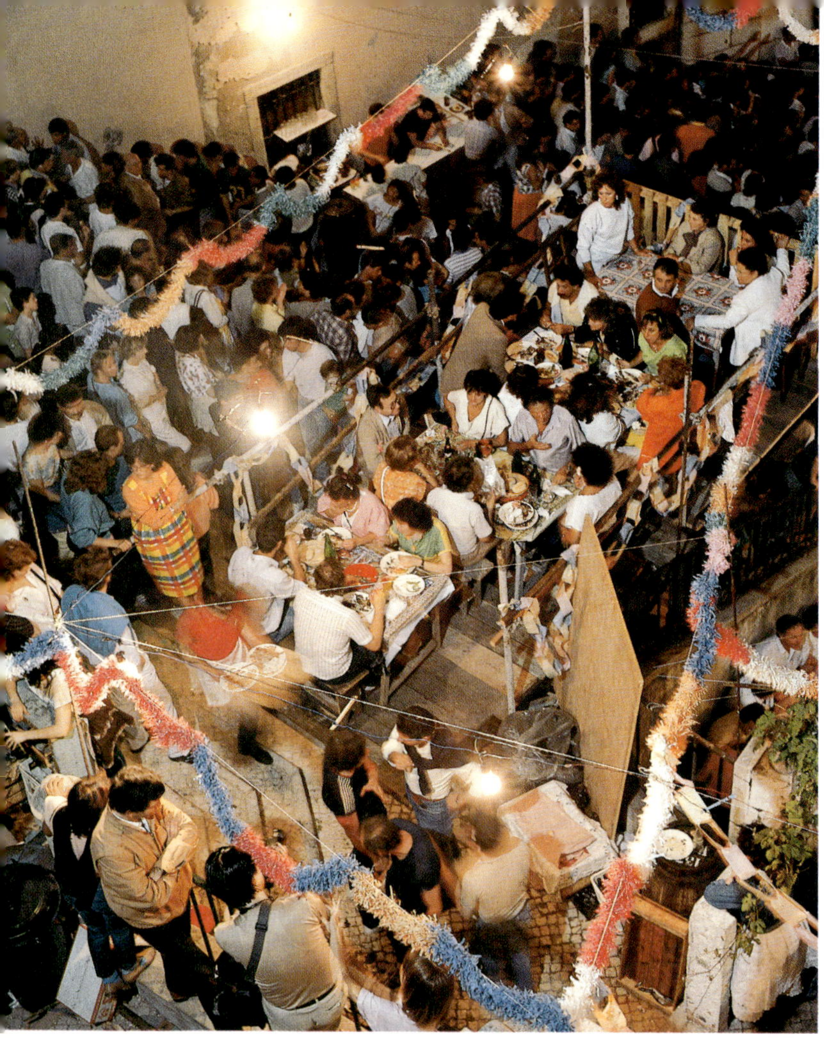

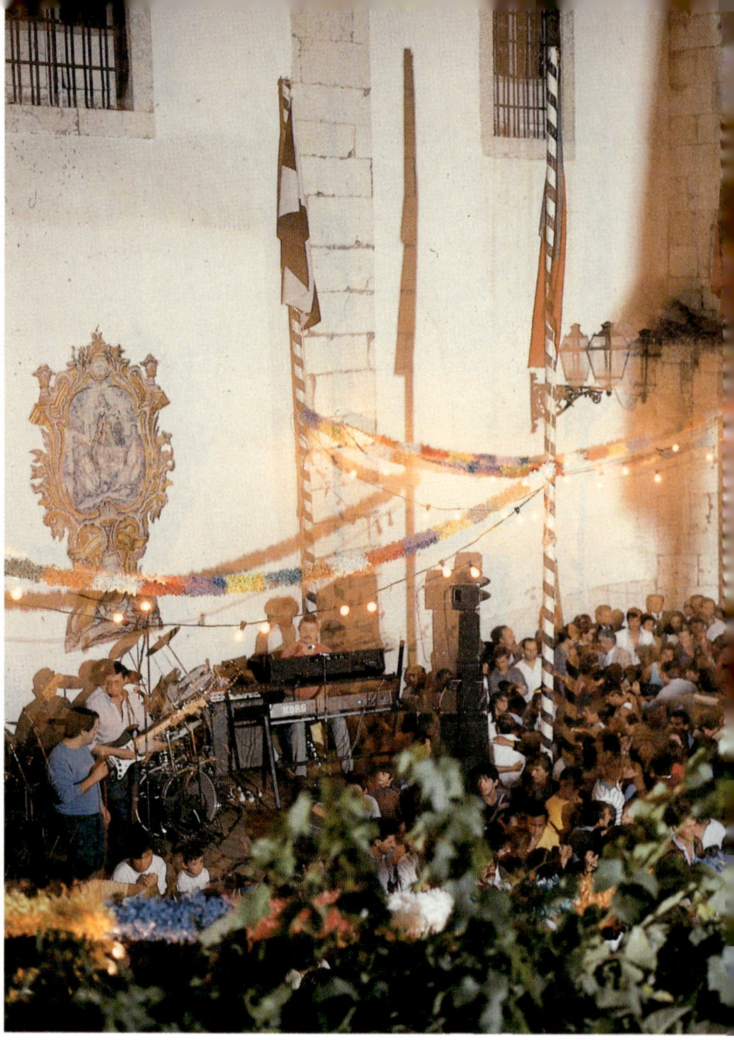

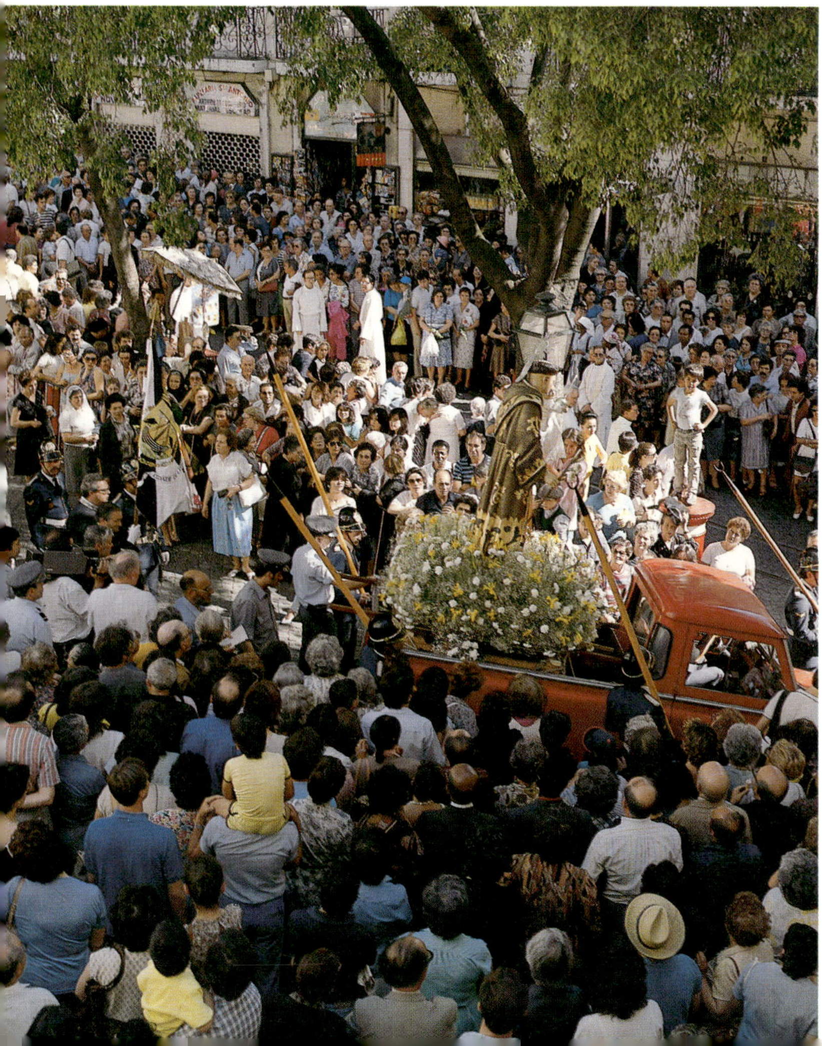

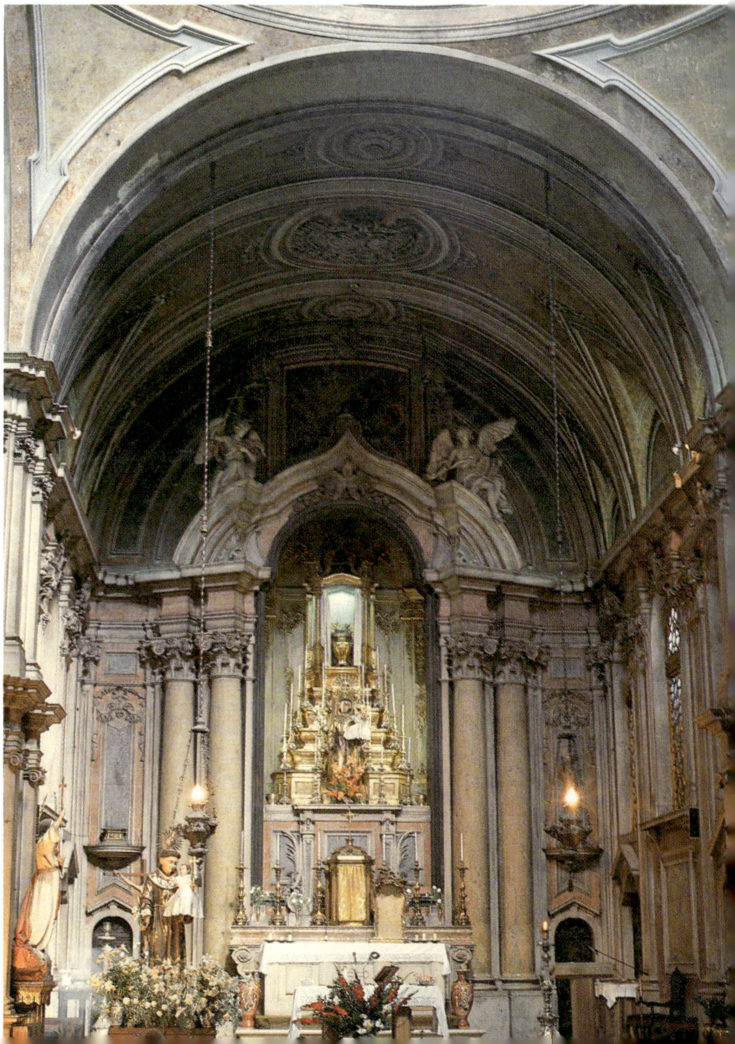

dos portos mas também, durante séculos, residência de famílias fidalgas, conserva ainda hoje certo perfil de medina árabe mas quem a percorra com atenção encontrará edifícios de traça oriental que vieram na memória dos navegadores e de novo ali a mesma mistura de estilos, épocas, maneira de viver — o palácio senhorial e a pequena casa térrea, o prédio de escassos andares; predomina, embora, a arquitectura, modesta, para embarcadiços de pouco tempo em terra. Sem obedecer, evidentemente, a qualquer planeamento e sendo muito mais fruto de sucessivas exigências de vida do que de estudos demográficos, sociológicos ou de ecologismo, mas representativa ainda hoje de um estilo de vida bem lisboeta, como que um pré-colectivismo comunicante, convivencial, na rua, no pátio, na praça pública, Alfama conheceu, no final da primeira metade deste século, uma espécie de ressurreição animada. Os seus habitantes sempre conservaram a tradição, que continua ali e em muitos bairros populares da capital, de enfeitarem as estreitas ruas, de embelezarem em torno do adro das igrejas as pequenas praças, de ornamentarem praticamente todo o bairro por ocasião das festas dos santos populares, Santo António, S. João e S. Pedro, tão ligados à tradição religiosa da capital. Por toda a Lisboa, é certo, sempre se acenderam fogueiras em torno das quais se cantava e dançava, as ruas ornamentadas com arcos de papel colorido, festões, luminárias, balões de papel. Em Alfama, porém, a festa passou a ritualizar-se, concentrada, assim, em todo um bairro que parecia fadado para seu cenário. Um espectáculo de certo paganismo desenvolto e até ingénuo, com suas bancas de vendas de cravos, enfeitados com quadras simples, e de manjericos, a multidão alegre cantando e dançando em plena rua ou assistindo e comparticipando, das janelas, por todo Junho fora uma densa multidão de portugueses e de turistas estrangeiros... Nada ali é programado, tudo nasce espontaneamente de uma natural

ers but also, for many centuries, of noble families, even today retains a certain Arab medina profile but anyone going through Alfama with his eyes open will notice buildings with an oriental flavour that have been brought in the memory of the navigators and there, once again, the same mixture of styles, epochs, ways of living — the aristocratic mansion and modest dwelling, a building of a few floors; but what predominates is the architecture of seafarers, men spending little time ashore. Without, of course, complying with any planning and being the result of successive demands of life far more than of demographic, sociological or ecological studies, but even today representative of a really Lisbon style of life, a kind of communicating, social pre--collectivism, on the street, in the patio, in the square, Alfama at the start of the first half of this century underwent a sort of animated resurgence. Its inhabitants have always kept up the tradition, which continues there and in many working class areas of the Capital, of decorating the narrow streets, adorning the little spaces round the churches, in fact practically the whole quarter on the occasion of the so-called 'People's Saints' — Saint Anthony, Saint John and Saint Peter — who are so bound up with the religious tradition of the Capital. Throughout Lisbon, to be sure, people have always lit bonfires and sung and danced round them, decorated streets with coloured paper arches, festoons, lanterns, paper balloons. But in Alfama the festivity has become a ritual and thus concentrated in a whole quarter that seemed cut out for its scenario. A spectacle expressing a certain lively, even ingenuous paganism, with the sellers of carnations with doggerel verse attached, or pots of basil, the happy crowd singing and dancing right in the street or watching, joining in from the windows, and right through June a dense throng of Portuguese and tourists. There is no programme, everything occurs

Em cima: noite de St.° António em Alfama. *Em baixo:* procissão de St.° António e interior da sua igreja, junto à Sé

Above: *Saint Anthony's Night in Alfama.* Below: *procession of Saint Anthony and interior of his church, by the See*

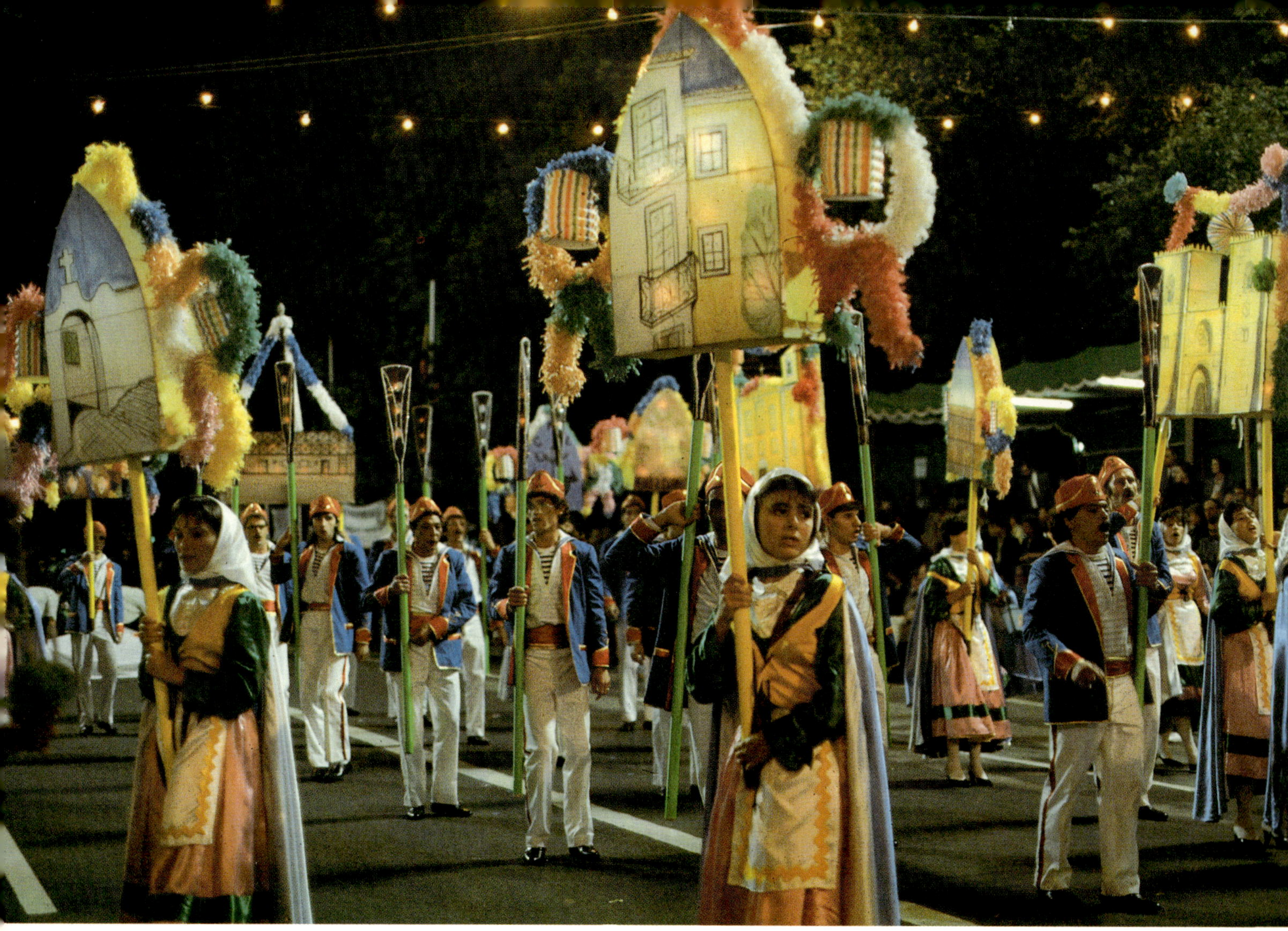

As marchas populares desfilam anualmente por ocasião dos Santos Populares

assunção de alegria colectiva. Dos restaurantes e casas de fado do bairro saem todas as noites os acordes dessa canção triste que não quebra, antes a afeiçoa, a natural unidade do povo que se diverte.

Esta tradição de um bairro que se transforma, durante um mês, por assim dizer, na síntese de todos os outros foi durando até agora, com mais ou menos animação, atravessando os ventos e marés da história da cidade e enfrentando, por vezes com sacrifício material dos «alfamenses», o envelhecimento dos seus prédios, muitos deles multisseculares e que periodicamente merecem a atenção das vereações lisboetas com diferentes resultados.

Uma vez escrevemos: «Por enquanto, Alfama é.» Vai sendo.

De certo modo, à tradição festiva do bairro veio juntar-se, por ocasião das primeiras Festas de Lisboa, em 1935, a organização pelo Muni-

spontaneously, with a natural assumption of collective good cheer. From the restaurants and fado *places, every night come the strains of that sad kind of song that moulds, rather than breaks the natural union of the people making merry.*

This tradition of a town quarter that during one month is transformed, so to speak, into a synthesis of all the others, has lasted until now with greater or lesser animation, braving the winds and tides of the city's history and, sometimes with material sacrifice on the part of the 'alfamenses', in the face of the aging of the buildings, many of them hundreds of years old and periodically meriting the attention of Lisbon city councillors with different results.

I once wrote: «For the time being, Alfama exists». And it continues to exist.

In a certain way the festive tradition of Alfama was joined, on the occasion of the first Lisbon

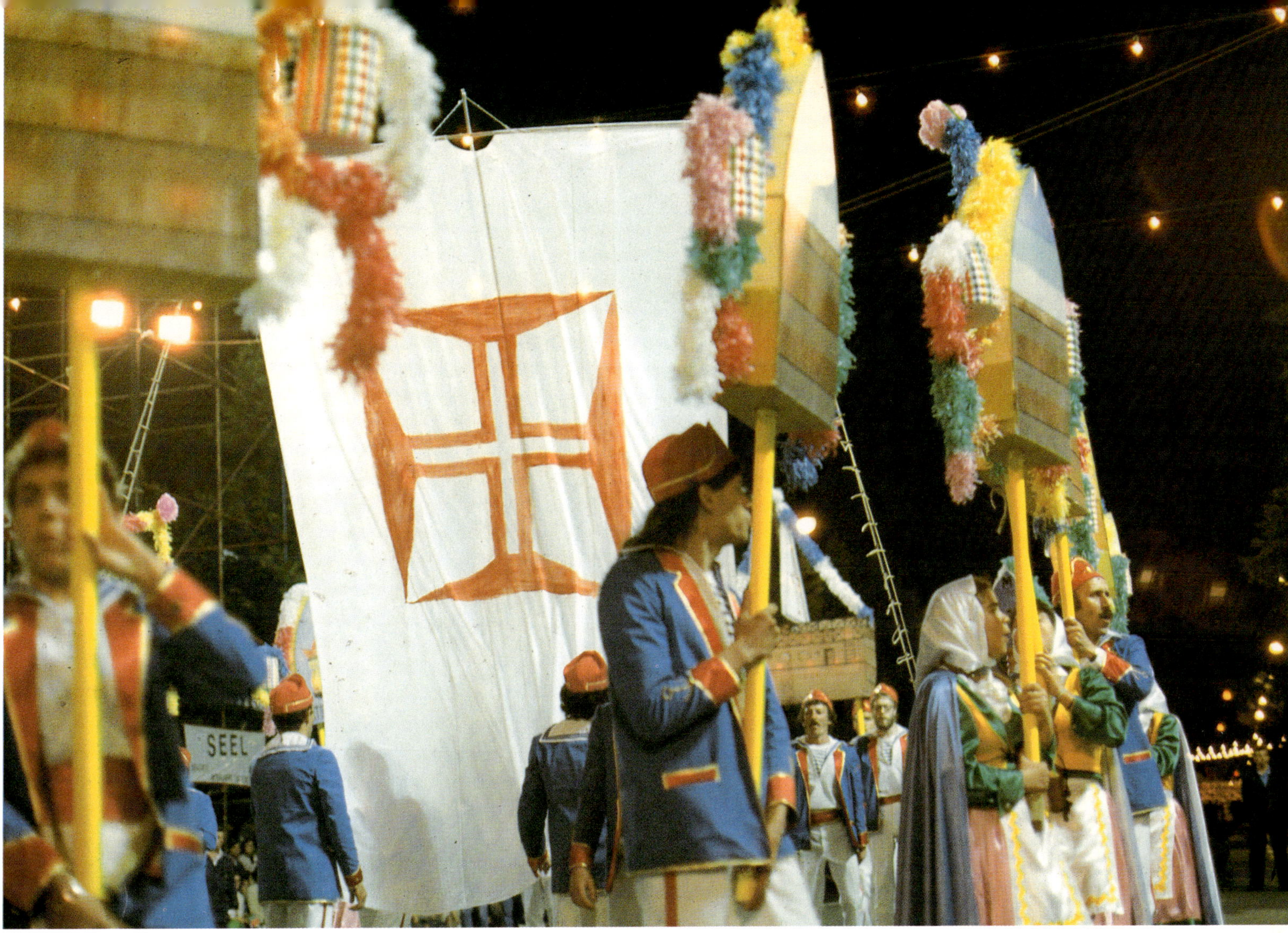

The «marchas populares» take place every year at the time of the «People's Saints' celebrations

cípio e associações bairristas do espectáculo caudaloso, colorido e variado, das Marchas Populares que desde o alto da Avenida da Liberdade ao Terreiro do Paço desfilam numa competição cultural e artística única no seu género — o trajo, a música, a dança e, sobretudo, a original representatividade da história, da tradição e das características de cada bairro.

Perto da fronteira do Bairro da Sé com a de Alfama, ergueu-se a Igreja de Santo António no local que teria sido a casa da sua família e onde nasceu o santo. Construída sobre uma capela que já existia no século XV, destruída pelo terramoto de 1755, foi reconstruída no princípio do século XIX. Há mesmo nessa igreja uma cripta com um vão exíguo, local exacto onde se diz ter nascido o Santo António e que o papa João Paulo II visitou e ali se recolheu em oração quando, em Maio de 1982, esteve em Lisboa.

Festivities organized in 1935 by the City Council and associations of the various districts of the town, by the colourful spectacle of the 'Marchas Populares', in which one group after another parades from the top of Avenida da Liberdade to Terreiro do Paço, in a cultural and artistic competition that is unique of its kind — costumes, music, dance and, above all, the original representation of the history, tradition and characteristics of each district of the city.

Near the boundary of the Cathedral quarter and that of Alfama, stands the Church of Santo António, on the same site that is believed to have been that of the family home where Saint Anthony was born. Built over a chapel that existed in the 15th Century, but destroyed by the 1755 earthquake, it was rebuilt at the start of the 19th Century. In this church there is even a narrow crypt, the exact place

De Alfama ao Terreiro do Paço é pouco tempo de marcha. No caminho, a Casa dos Bicos chama-nos a atenção. Os mais velhos surpreendem-se de a verem, agora que foi restituída, ao que parece, à sua primitiva fisionomia, com mais um andar do que sempre a conheceram. É longa, vária e pitoresca a tradição desta casa lisboeta, uma das mais célebres da capital pela originalidade da sua fachada. Foi construída no princípio do século XVI por um filho de Afonso de Albuquerque, homem importante por si próprio e não apenas pela fama do pai e que foi destacado para missões reais, provedor da irmandade da Misericórdia e finalmente presidente do Senado Municipal. Brás de Albuquerque pediu autorização para usar o nome paterno. Tomou parte em missões reais ao estrangeiro e segundo um dos melhores especialistas da história de Lisboa, Matos Sequeira, ter-se-ia inspirado para a remodelação da casa de seus pais em Lisboa num dos dois palácios de Itália famosos pela sua arquitectura, o de Ferrara, conhecido como o Palácio Bevilacqua, de Bolonha, com suas fachadas facetadas como se fossem diamantes... O local tinha um belo nome, *As Portas do Mar*, e mais de dois séculos passados, quando o terramoto destruiu casas vizinhas, viria a construir-se ali, na rua ainda hoje chamada dos Bacalhoeiros, um prédio de três andares, hoje com cinco, que é considerado um bom espécime do estilo da época, ainda em fase certamente menos evoluída que a posterior, o mesmo equilíbrio de volumes, a mesma sobriedade de concepção, no entanto com varandas decorativas e uma certa preocupação de requinte que, evidentemente, não seria possível na urgência da reconstrução da Baixa após a catástrofe. Aliás, a construção do prédio é considerada como vindo do reinado de D. João V, podendo na opinião de estudiosos de Lisboa, constituir um documento válido da época de criatividade artística e de fausto que a caracterizou. E, sempre, não longe dali, o Tejo.

where Saint Anthony is said to have been born; this place was visited in May 1982 by Pope John Paul II, who remained there in prayer.

It is only a stone's throw from Alfama to Terreiro do Paço. On the way, we cannot help noticing the Casa dos Bicos. Older people are surprised to see it, now that it has apparently been restored to its original state, with one more floor than they always remembered. The tradition of this house of Lisbon, one of the most famous in the Capital on account of its original façade, is long, varied and picturesque. It was constructed at the beginning of the 16th Century by a son of Afonso de Albuquerque, a man of some importance not only owing to the fame of his father, who was sent on Royal missions, was Superintendent of the Fraternity of the Misericórdia *and finally President of the Municipal Senate. Brás de Albuquerque asked for authorization to use his father's name. He took part in Royal missions abroad and one of the greatest authorities on the history of Lisbon, Matos Sequeira, says that for remodelling his family home in Lisbon he was inspired by one of two palaces in Italy famous for their architecture, the Palazzo dei Diamanti in Ferrara or the Palazzo Bevilacqua in Bologna, with façades faceted like diamonds. The place had the lovely name of* Portas do Mar *(Gates of the Sea), and when two centuries later the earthquake destroyed nearby houses there was built, in the street even today called Rua dos Bacalhoeiros, a house or three storeys (now it has five) that is considered to be a fine example of the style of that period, in a phase that is certainly less evolved than the later style but with the same equilibrium of volumes, the same sobriety of conception, though with decorative verandas and some concern with refinement of detail that, of course, it was not possible to consider in the urgent reconstruction of the Baixa after the catastrophe. The construction of the buil-*

A Casa dos Bicos, recentemente restaurada

Casa dos Bicos, recently restored

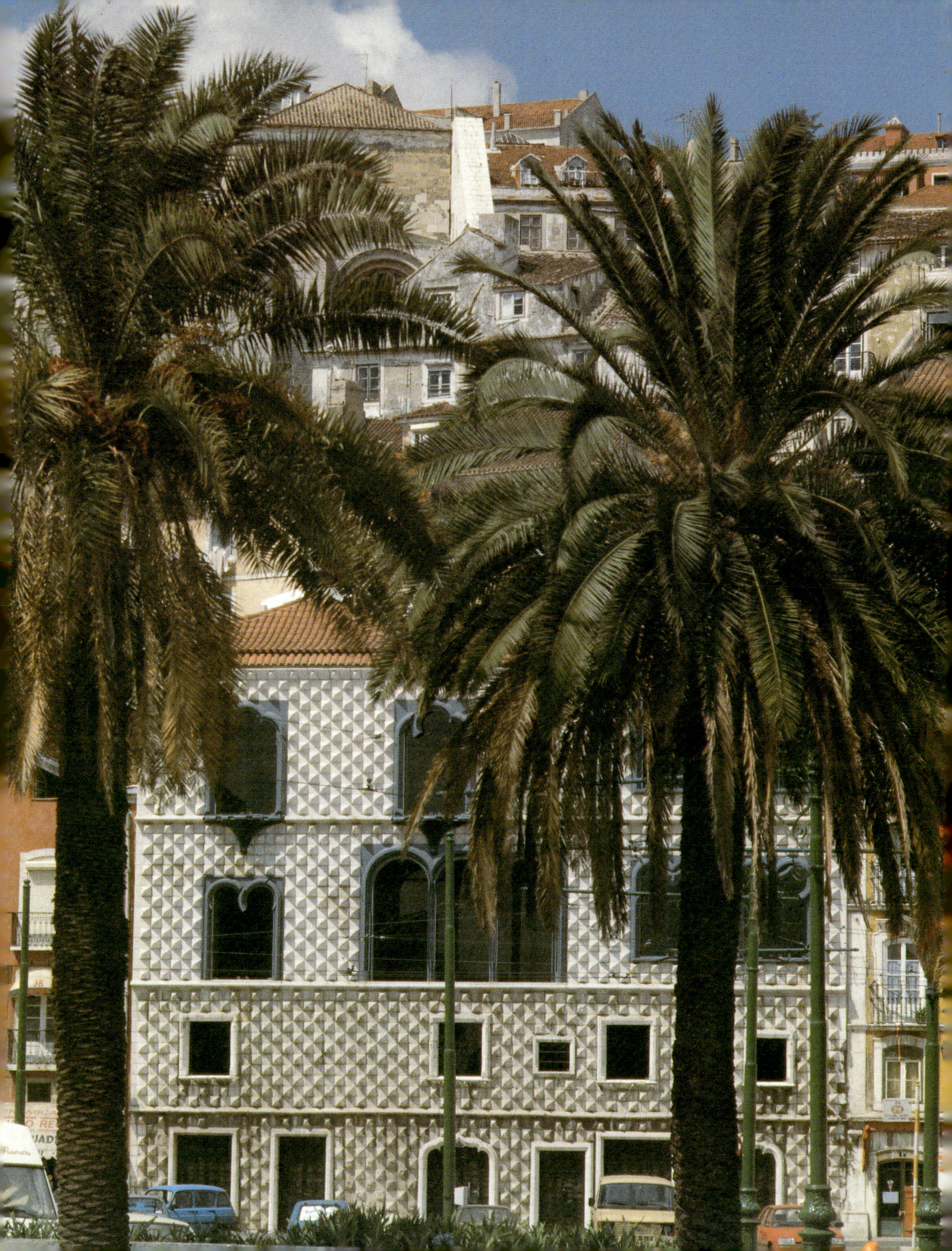

O Terreiro do Paço, muito perto, esse, não tem uma tradição tão antiga como a de Lisboa. É mesmo uma praça relativamente moderna, pois data do século XVIII; foi, afinal, uma consequência feliz do terramoto e obra do poder de visão do Marquês de Pombal. Tudo ali era Tejo, «com uma praiazita de nada no topo», diz Raul Proença. E o mesmo escritor, cujo *Guia de Portugal* ainda hoje é o mais completo «banco de dados» consultável pelo curioso da vida e história do País, cita um dos muitos estrangeiros que visitaram Portugal, Martin Hume, que considerava a Praça «a mais importante praça pública da Europa». Poder-se-á hoje discordar, haverá sempre espíritos de contradição que repliquem com exemplos conhecidos — a Concorde, de Paris, ou S. Marcos, de Veneza, Trafalgar Square, de Londres, ou o escrínio arquitectural da Grande Place em Bruxelas, para referir lugares famosos. Fácil é objectar que a imponência do Terreiro do Paço

dings is regarded as belonging to the reign of Dom João V and so it may constitute, in the opinion of some Lisbon investigators, a valid document of the period of the artistic creativeness and splendour that characterized it. And always, not far away, the Tagus.

The Terreiro do Paço, which is very near, does not have a tradition as old as that of Lisbon. It is actually a fairly modern square, since it dates from the 18th Century and was, in fact, a happy consequence of the earthquake and an example of the foresight of the Marquis of Pombal. There was nothing there but the Tagus, «with an insignificant beach at the end», says Raul Proença. And the same writer, whose 'Guia de Portugal' is still the most complete source of information about the life and history of the city, quotes Martin Hume, one of the many foreigners who visited Portugal, as saying that this was «the most imposing public square in Europe». One may disagree no-

O Terreiro do Paço tem sido chamado de «sala de visitas» de Lisboa

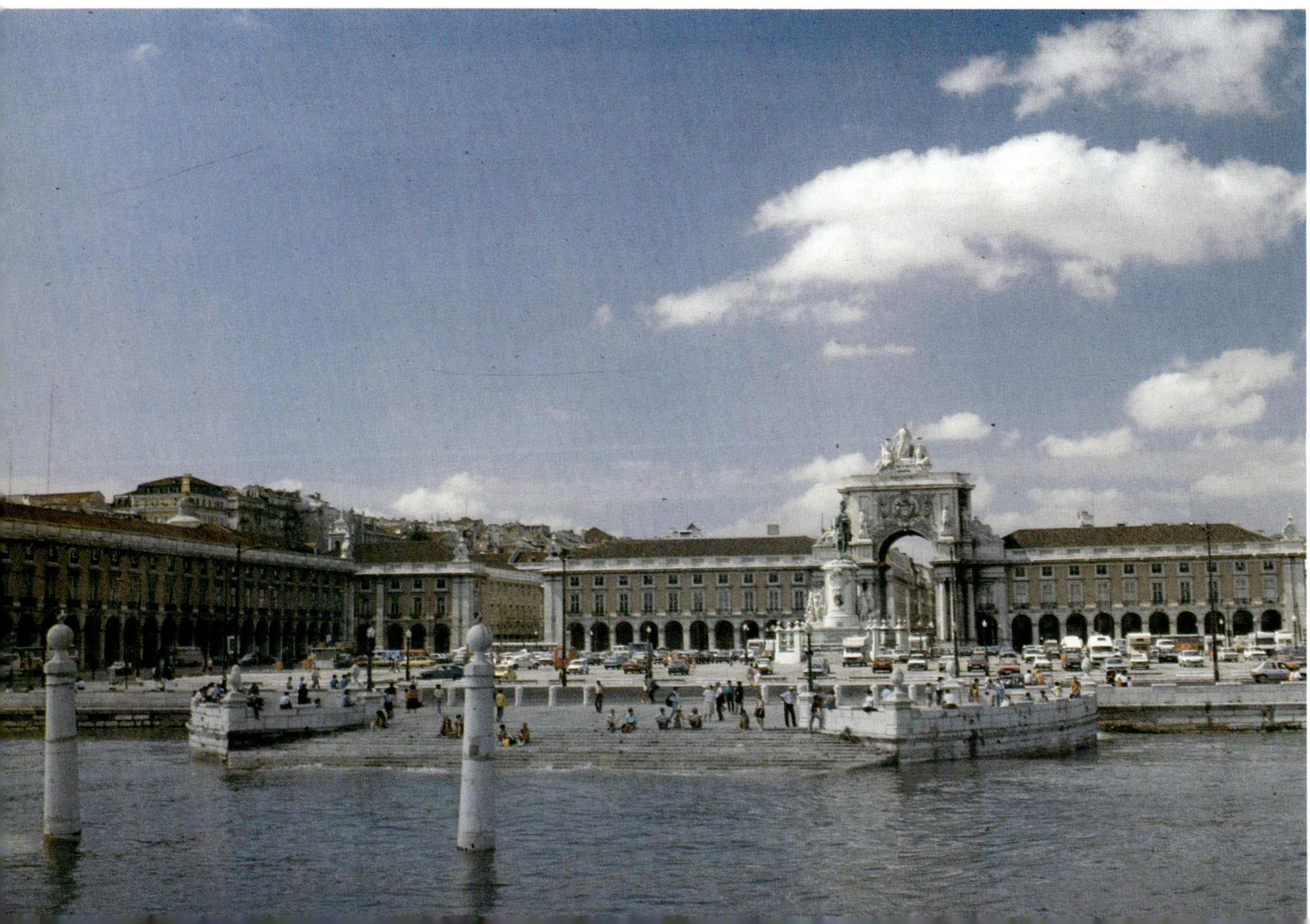

vem da sua dimensão, sem dúvida, da harmonia das linhas dos seus edifícios de arcadas, perpendiculares à margem do rio, dos dois torreões sumptuosos que os limitam — tudo estará certo mas o que falta a qualquer das suas grandes irmãs europeias é o remate azul do Tejo, que ali inicia o visitante estrangeiro (e até o Lisboeta) na carga fluente mas perpétua de um destino. Foi certamente obra de lúcido planeamento a concepção da Praça, uma visão, simultaneamente, de génio arquitectónico e urbanístico como se quisesse compensar o geometrismo funcional dos novos arruamentos da Baixa com essa janela desmedida sobre o caminho português do mar. Lembra também Raul Proença que o nome de Praça do Comércio lhe foi dado pelo Marquês de Pombal, e que os estrangeiros a conhecem como *Black Horse Square*, alcunha que, parece-nos, hoje vai desaparecendo. E conta a sua história nestes termos: «A designação popular de Terreiro do

wadays, there will always be a spirit of contradiction retorting with well known examples — The Concorde in Paris or San Marco in Venice, Trafalgar Square in London or the architectural jewel case of the Grand Place in Brussels, to mention famous places. It is easy to object that the impressiveness of Terreiro do Paço is due to its dimension, indubitably, to the harmony of the lines of its arcaded buildings, perpendicular to the river bank, to the two sumptuous towers that flank it — that is quite correct, but what is lacking in any of its great European sisters is the blue finish of the Tagus, which there initiates the foreign visitor (and even the inhabitant of Lisbon) in the fluid but perpetual charge of a destiny. The conception of this square was certainly a work of lucid planning, a vision of both architectural and townplanning genius that seems to want to compensate the functional geometric design of the new streets of the Baixa *with that vast*

Terreiro do Paço has been called 'Lisbon's reception hall'

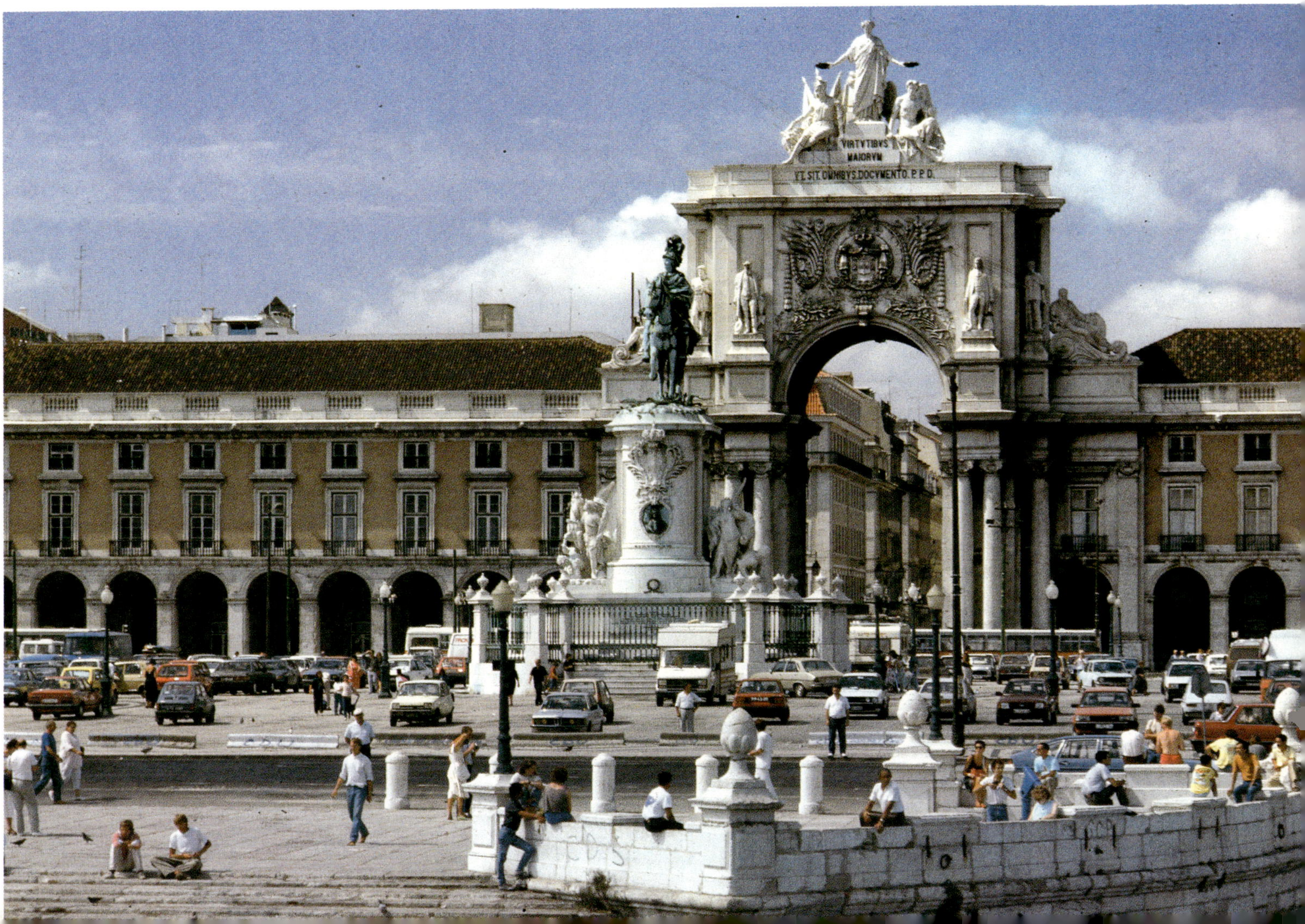

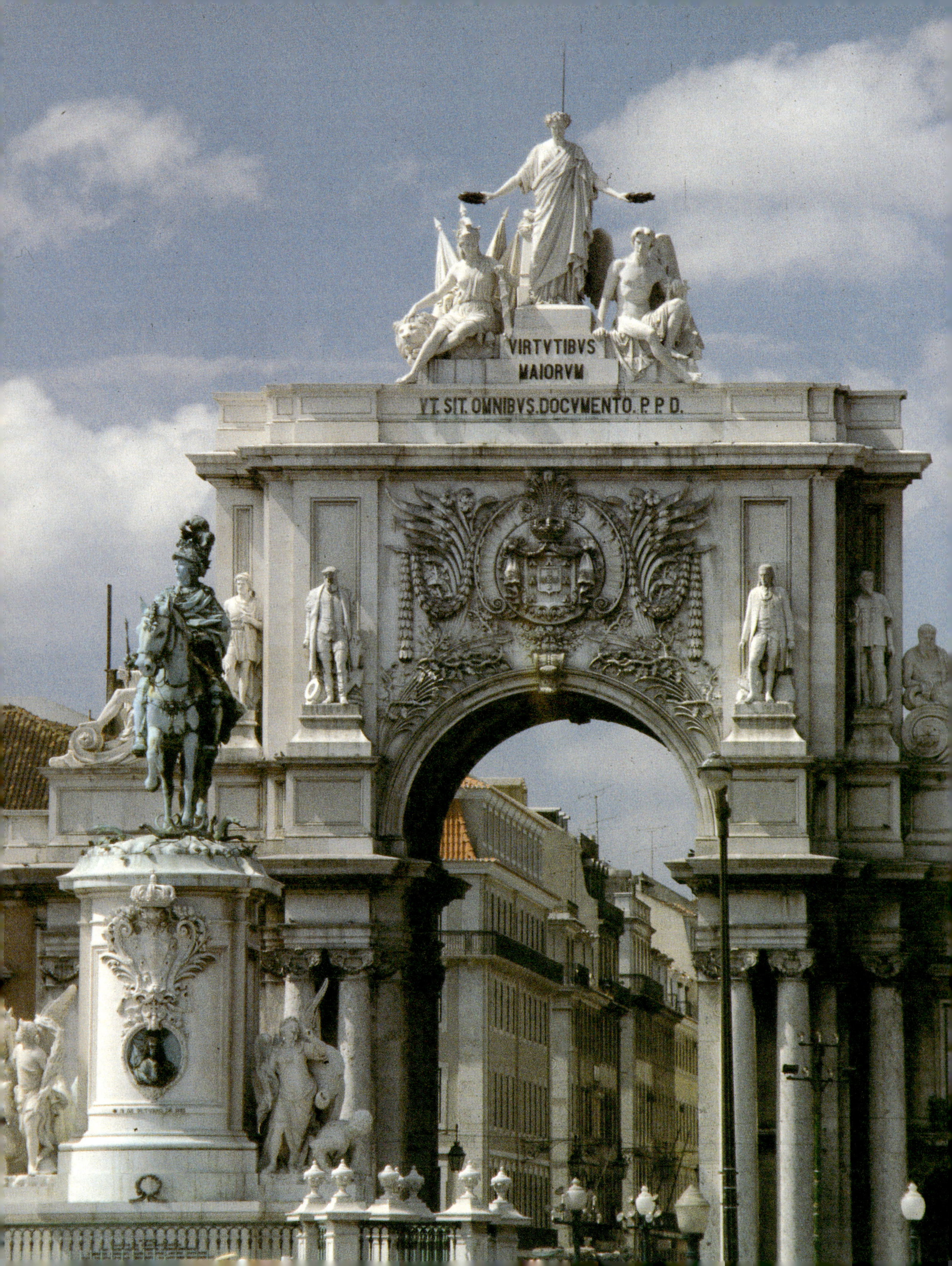
VIRTVTIBVS
MAIORVM
VT SIT OMNIBVS DOCVMENTO P P D

Paço vem-lhe de ter sido o local dos *Paços da Ribeira*, edificados no princípio do século XVI por D. Manuel I que ali morreu em 1521, sumptuoso palácio de três andares com quatro torres quadradas, coroadas de ameias, cheio de preciosas riquezas e jóias artísticas de primeira ordem, sobretudo quadros e tapeçarias e com uma das mais ricas livrarias reais de toda a Europa. O terramoto destruiu inteiramente todas as suas riquezas. Arrasadas também as numerosas dependências...»

Encontram-se frequentemente nos antiquários e livreiros reproduções de gravuras inglesas um tanto convencionais, é certo, do Terreiro do Paço pré-pombalino, ponto de encontro de fidalgos e mercadores, os belos coches, o vestuário sumptuoso da época. No centro da Praça ainda se vê o chafariz que haveria de ser substituído pela estátua equestre do rei D. José I. Além do seu valor artístico tem um significado histórico: foi a primeira vez que em Portugal se fundiu uma estátua em bronze. Seria inaugurada em 1774, ainda em vida do rei, e não é de estranhar por isso a singular homenagem que então foi prestada ao monarca: o carro que a transportava do Arsenal até à Praça do Comércio era puxado por cerca de mil pessoas, escolhidas entre as mais representativas da capital... A estátua mede 14 metros de altura, o pedestal é de pedra lioz, de Pêro Pinheiro, e dois grupos escultóricos simbolizam o Triunfo e a Fama. Sob as armas reais vê-se o medalhão, em relevo, do Marquês de Pombal. A reconstrução de Lisboa, empreendida pelo enérgico estadista de D. José e sob o seu reinado, foi a grande motivação da glorificação em bronze do soberano. D. José morre em 1777 e logo no início do período, que ficaria historicamente conhecido como «A Viradeira», a rainha D. Maria I manda retirar o medalhão do Marquês que, afinal, como quase sempre sucede nestes ímpetos de mudança política, viria a ser reposto no seu lugar mas somente em 1833.

window looking on to the Portuguese route to the sea. Raul Proença also reminds us that the name Praça do Comércio *was given to the square by the Marquis of Pombal and that it was dubbed by the English 'Black Horse Square', though this nickname seems to be falling into disuse. He tells us its history as follows: «The commonly used name of* Terreiro do Paço *comes from its having been where once was* Paços da Ribeira, *the Royal Palace built at the beginning of the 16th Century by Dom Manuel I, who died in it in 1521. This was a luxurious palace of three floors with four square towers crowned with battlements, it was filled with every kind of precious things, works of art, particularly pictures and tapestries, and had one of the richest royal libraries in Europe. The earthquake destroyed all its riches and razed to the ground the many dependencies...»*

It is common to find in antiquarians' and bookshops reproductions of English prints, somewhat conventional to be sure, of the Terreiro do Paço in the days before Pombal, a meeting place of nobles and merchants, fine coaches, the showy dress styles of the day. In the centre of the square is still to be seen the fountain that was later to be replaced by the equestrian statue of Dom José I. Apart from its artistic value, the statue is of historical significance, since it was cast in bronze. It was inaugurated in 1774, during the King's lifetime and the singular homage paid at the time to the monarch is therefore not so surprising: the cart transporting the statue from the Arsenal to Praça do Comércio was drawn by about one thousand people, chosen from the most representative strata of the Capital.

The statue is 14 metres high, the pedestal is made of limestone from Pêro Pinheiro, and two sculptured figures symbolize Triumph and Fame. Under the Royal coat-of-arms is a medallion, in relief, of the Marquis of Pombal. The reconstruction of Lisbon carried out by

A Estátua de D. José e o Arco da Rua Augusta

Statue of King José and the Arch of Rua Augusta

Contrastes da história, a tentarem os cronistas de costumes e de psicologia colectiva: num dado momento, os notáveis da capital — políticos, gente da corte, da Igreja, do comércio — disputaram-se a honra de puxarem pelas ruas de Lisboa, durante três dias, um carro que carregava 29 371 quilos de glória real... Três anos depois, o símbolo principal do obreiro dessa glória, o medalhão ao Marquês, era retirado e certamente sem protestos de maior. Pouco mais de meio século volvido, os filhos e netos dos que haviam assistido friamente a essa desautorização da história tomariam a iniciativa de emendá-la. Os alcatruzes da nora, é sabido... Ou esse destino habitual de as gerações se corrigirem umas às outras. O Terreiro do Paço (foi o Marquês de Pombal quem a designou de Praça do Comércio) teve desde sempre um destino histórico, para o melhor e para o pior. Em 1640, quando os Portugueses puseram termo a 60 anos de domínio espanhol, «os fidalgos conspiradores convergiram de vários pontos no Terreiro do Paço, jugularam os guardas, mataram três dos responsáveis da tirania dos últimos tempos e prenderam Margarida de Sabóia, duquesa de Mântua e governadora de Portugal. O povo, ao saber disto, revoltou-se em massa. A 15, o Duque era coroado na Sé». Em 1908, desembarcando no Terreiro do Paço a família real, vinda do Alentejo, o rei D. Carlos e o príncipe real D. Luís Filipe seriam abatidos a tiro logo na primeira esquina, e esse episódio trágico seria o princípio do fim da Monarquia. Hoje, o Terreiro do Paço é desde há anos um parque de estacionamento de automóveis, considerado provisório e que só dificilmente poderá deixar de sê-lo à míngua de silos adequados que as grandes cidades exigem e à falta também de transportes colectivos em número suficiente para uma população em rápido crescimento. Celebremos com toda a justiça a visão de grandes reformadores da cidade como Pombal ou já no nosso tempo Duarte Pacheco, ou mesmo de homens

that energetic statesman of King José and in his reign, was the major motivation for the glorification in bronze of the sovereign. King José died in 1777, right at the beginning of the period that was to be known in history as the 'Turning Point', Queen Maria I had the medallion of the Marquis removed; this nearly always occurs in the impetus of such political change. The medallion was restored to its place eventually, but only in 1833.
Contrasts of history, tempting to the chroniclers of customs and collective psychology: at a certain time, the notables of the Capital, politicians, people of the Court, of the Church, of commerce, vied with one another for the honour of pulling through the streets of Lisbon, during three days, a cart carrying 29 371 kilos of Royal glory. Three years later, the principal symbol of the artificer of that glory, the medallion dedicated to the Marquis of Pombal, was removed, and certainly there were few protests. Little more than half a century later, the sons and grandsons of those who had coldly watched that degradation of history, took the initiative of correcting it. The wheel turns, of course... and there is that habitual destiny of generations correcting one another. Terreiro do Paço (it was the Marquis of Pombal who gave it the name of Praça do Comércio) has always had a destiny in history, for better or for worse. In 1640, when the Portuguese put an end to 60 years of Spanish domination, «The conspiring nobles converged from various points on Terreiro do Paço, slaughtered the guards, killed three of those responsible in the tyranny of recent years and arrested Margarita of Savoy, Duchess of Mantua and Governor of Portugal. When the people heard this news, they revolted as one man. 15 days later, the Duke was crowned in the Cathedral».
In 1908, the Royal Family arrived from Alentejo and landed at the Terreiro do Paço. King Carlos and the Crown Prince, Luís

Junto ao Terreiro do Paço, a Igreja da Conceição Nova sobreviveu ao terramoto de 1755

Near Terreiro do Paço is Conceição Nova Church, which survived the 1775 earthquake

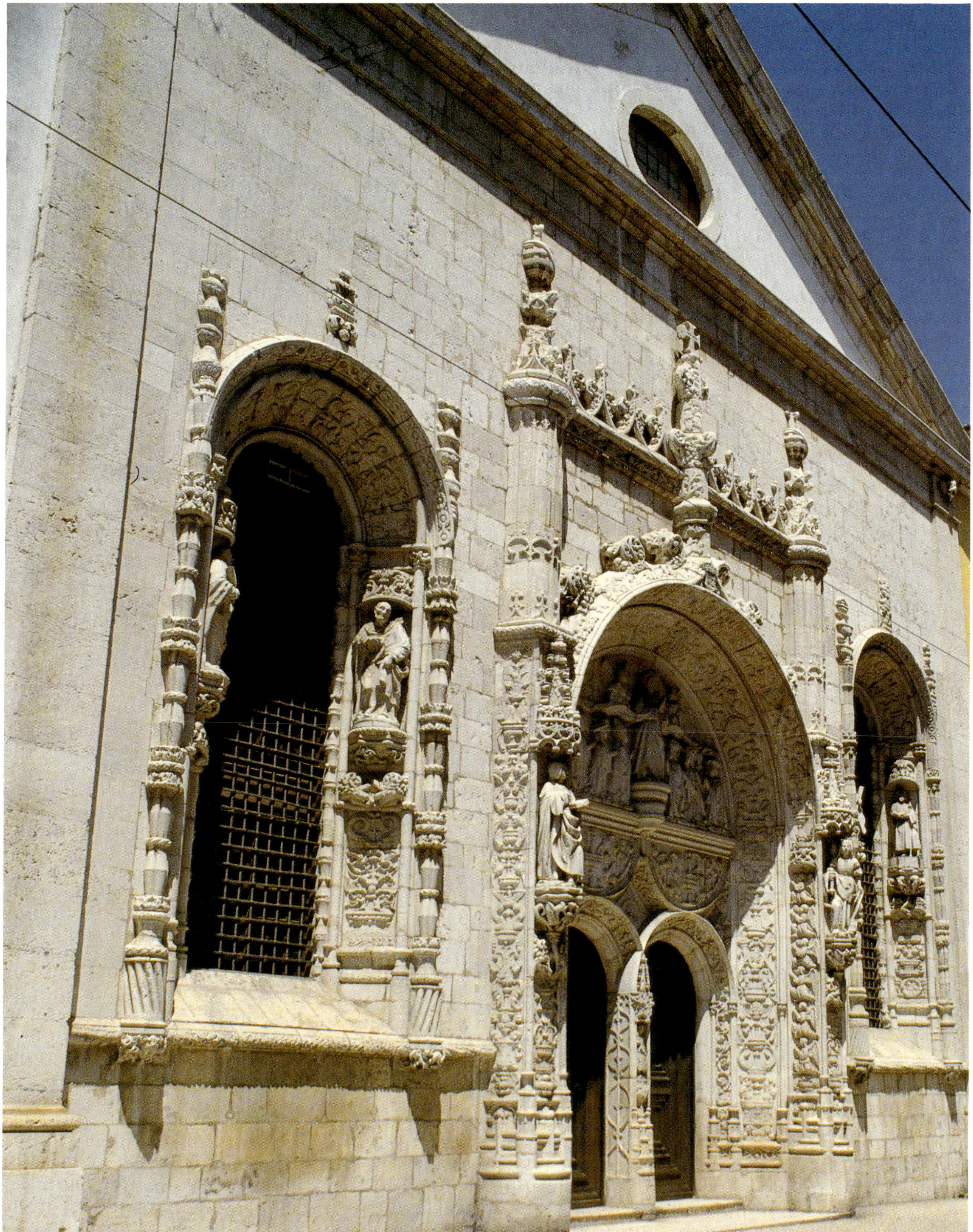

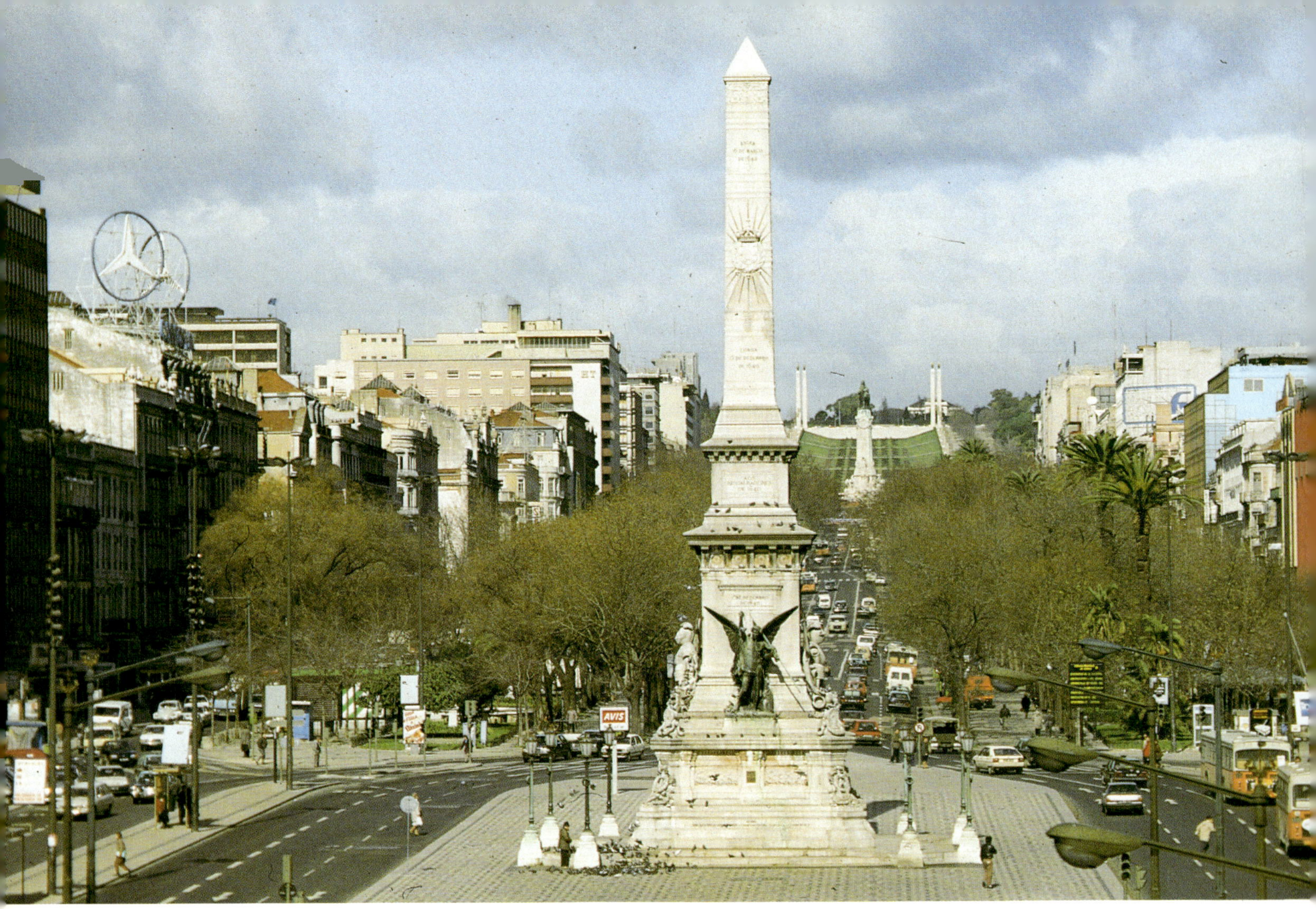

A Avenida da Liberdade, vista da Praça dos Restauradores
Avenida da Liberdade, seen from Praça dos Restauradores

mais modestos como esse pasteleiro da Baixa, Rosa Araújo, que sendo presidente da Câmara Municipal de Lisboa tomou em 1879 a iniciativa de abrir a Avenida da Liberdade, ponto de partida, para novos e amplos bairros, mas teremos sempre de prestar justiça a Pombal, como reedificador da cidade, e de esquecer, por amor dela, os erros do político. O Terreiro do Paço foi um rasgo, um horizonte, uma audácia. Sua iniciativa foi, também, a do arco triunfal que liga a Rua Augusta ao Terreiro do Paço, mas cuja construção levaria, afinal, 18 anos. As suas alegorias históricas — a Glória recompensando o Génio e o Valor, as quatro estátuas de Viriato e Nun'Álvares e de Pombal e Vasco da Gama não lograram nunca integrar-se no perfil mais divulgado de Lisboa: raros serão os passantes que reparam nessas altas evocações em pedra. O próprio arco, que

Filipe, were shot dead at the first corner and that tragic episode marked the beginning of the end of the monarchy. Nowadays, Terreiro do Paço is a carpark and has been so for some years, an arrangement considered provisional but one that is hardly likely to change unless there are adequate car silos as required by big cities, and public transport on a sufficient scale to cope with the growing population. We should pay due tribute to the vision of great reformers of the city such as Pombal or, in our day, Duarte Pacheco, or even the foresight of more modest men like that confectioner of the Baixa, *Rosa Araújo, who when Mayor of Lisbon in 1879 took the initiative of opening up the Avenida da Liberdade, starting point for new, spacious suburbs, but we must always render justice to Pombal, who rebuilt the town, and for love of it forget his mistakes*

Pombal visionou como sendo Arco de Triunfo, é, afinal, de proporções que não correspondem à grandeza da Praça, da qual é pórtico solene. Assim, também nesta zona se notam algumas das contradições que não deixam de assinalar aspectos curiosos da velha cidade: por um lado, porta de entrada para o desmedido, o rio, caminho do mar; por outro, introdução, para quem desembarcava no Terreiro do Paço, para a modernidade que foi ao tempo a reconstrução da Baixa, a sua simetria de paralelas e perpendiculares — mas logo, ali próximo, o bairro labiríntico de Alfama e pouco mais longe a Mouraria, hoje praticamente

---

as a politician. Terreiro do Paço was an act of daring, a new horizon. His, too, was the initiative of the triumphal arch that connects Rua Augusta to Terreiro do Paço and which took 18 years to construct. Its historical allegories — Glory rewarding Genius and Valour, the four statues of Viriatus and Nun'Alvares and Pombal and Vasco da Gama, have never managed to get integrated in the most publicised profile of Lisbon: few are the passersby who notice those lofty evocations in stone. The arch itself, which Pombal envisaged as an Arch of Triumph, is in fact of proportions that do not correspond to the grandeur of the square to which it is the solemn portal. And so in this zone as well are to be seen some of the contradictions that emphasise curious aspects of the old part of the town: on one side, gateway to vastness, the river, route to the sea; on the other, a introduction to anyone disembarking at Terreiro do Paço, to the modernity that in those days was represented by reconstruction of the Baixa, with its symmetry of parallels and perpendiculars — but then, nearby, the labyrinthine quarter of Alfama and a little further away Mouraria, now practically disfigured: few, perhaps none of the streets can

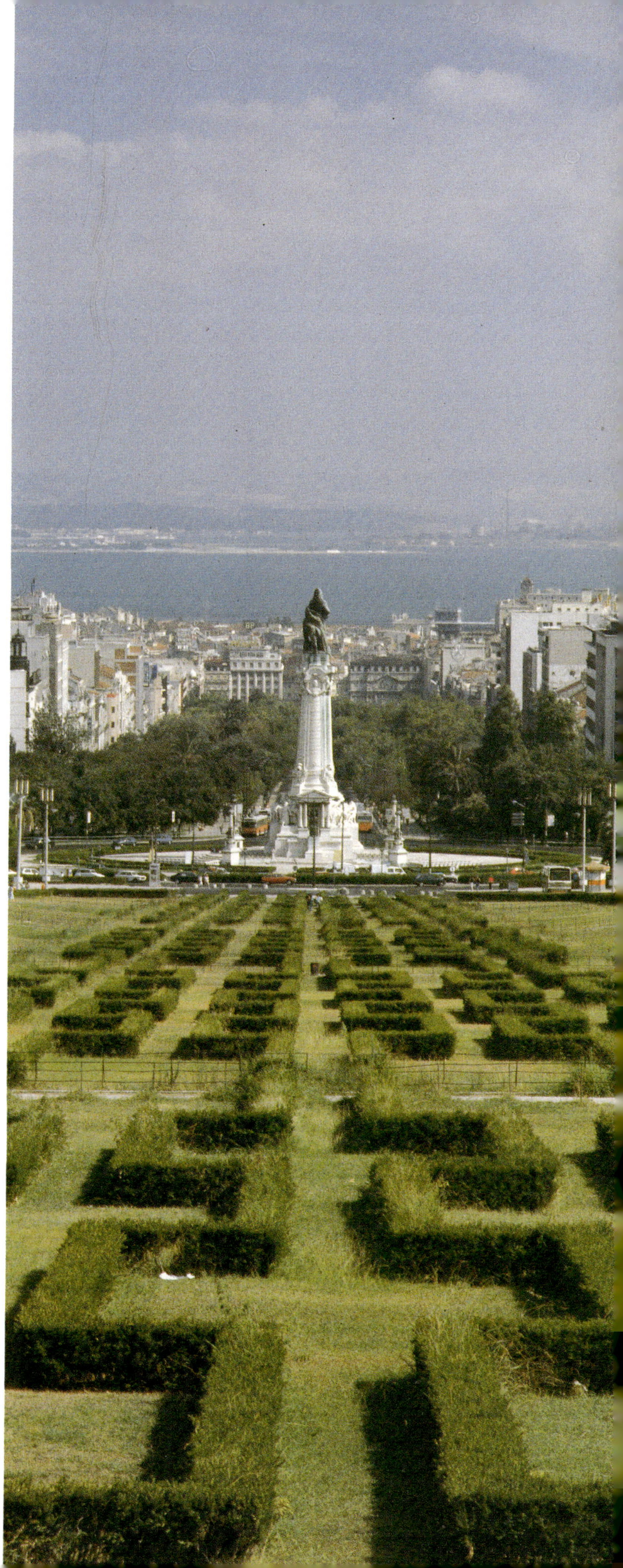

A Avenida da Liberdade, vista do Parque Eduardo VII
Avenida da Liberdade, seen from Eduardo VII Park

desfigurada: poucas ruas, ou mesmo nenhuma, poderão lembrar ainda as veredas de uma zona então arrabaldina quando D. Afonso Henriques a destinou, logo após a conquista de Lisboa, como lugar no qual se concentrassem os mouros vencidos. O tempo daria também à Mouraria um destino peculiar, alternou-lhe a sua condição de bairro popular, em que mais tarde se tornaria, com a de zona de má fama — à qual a tradição literária e romanesca daria pergaminhos sentimentais que perduram na letra de fados — *Ai Mouraria,/ da velha Rua da Palma/ onde eu um dia/ deixei presa a minha alma.* Nada disto impediu, no entanto, que durante mais de 300 anos, até ao princípio deste século saísse dali uma das mais famosas procissões de Lisboa; interrompida e retomada mais tarde, e que ainda hoje, percorrendo as ruas da Baixa até à Igreja de Santo António da Sé, reúne todos os anos muitos milhares de crentes em torno da imagem da Senhora da Saúde. Numa teimosia de fé torna-se quase in-

now remind one of the ways of what was then an outskirt zone when Dom Afonso Henriques, after conquering Lisbon, chose it for concentrating the conquered Moors. Mouraria, too, has had a strange destiny, its condition alternating between that of a working class quarter — which it later became again — and zone of ill repute, to which literary and romantic tradition gave sentimental title that lingers on in the verses of fados — Ái Mouraria/ da velha Rua da Palma/ onde eu um dia/ deixei presa a minha alma *(Ah, Mouraria/ of old Rua da Palma/ where one day/ I left my heart a prisoner). This in no way prevented, however, for more than 300 years until the beginning of this century, one of Lisbon's most famous religious processions from starting there. It was later revived and nowadays, passing through the streets of the* Baixa *to the Church of Santo António da Sé, by the Cathedral, it gathers many thousands of devout people round the image of Our Lady of*

Praça D. Pedro IV, o Rossio de Lisboa
Praça D. Pedro IV, better known as Rossio

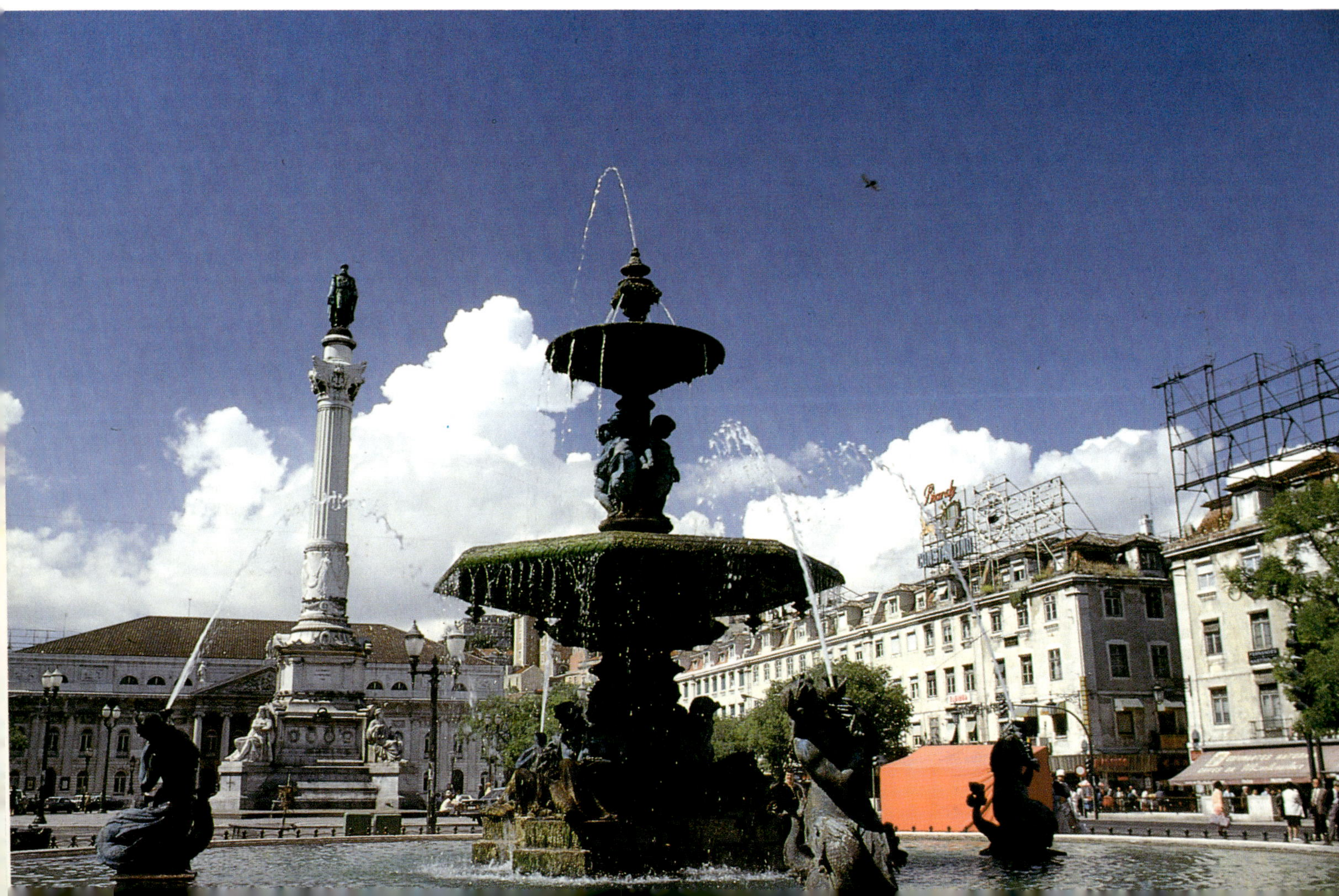

sólito esse aparatoso desfile sob varandas e janelas enfeitadas de colchas ricas ou pobres, tanto faz, a devoção é a mesma, e entre flores e cânticos, essa velha procissão surgindo de uma capela branca, modestíssima (esmagada agora por um edifício monstruoso) congrega um longo cortejo de crentes, aos quais se poderia chamar, talvez, penitentes da iconoclastia urbanística, mantendo ali, com dignidade, a presença da tradição e a memória de um passado ainda próximo.

A Praça de D. Pedro IV, o Rossio, está a dois passos da Mouraria. A sua história é quase tão antiga quanto a de Lisboa e de certo modo as alterações sofridas pela sua imagem inserem-se, embora talvez com mais significado do que noutros pontos da cidade, no percurso colectivo desta. Quem admira a fachada do Teatro Nacional de D. Maria II não conhece, como é natural, a história do local e não

---

Health. The stubbornness of faith renders almost arrogant this ostentatious procession under balconies and windows decked out with rich or poor quilts, but it little matters, the faith is the same, and amid flowers and chanting, the old procession sets out from a little white chapel, now overwhelmed by a monstrous building: a long cortège of the faithful, whom one might describe as penitents for the townplanning iconoclasm, and it maintains there, with dignity, the presence of tradition amid the ruins of a still recent past. Praça de Dom Pedro IV, generally known as Rossio, is only a short distance from the Mouraria. Its history is almost as old as that of Lisbon itself and in a certain way the alterations suffered by its image belong, though with greater significance than in other parts of the city, to the latter's collective journey through time. Anyone admiring the façade of the Dona Maria II National Theatre will, of course, be ignorant of the history of the site and will not have heard, unless he is a learned

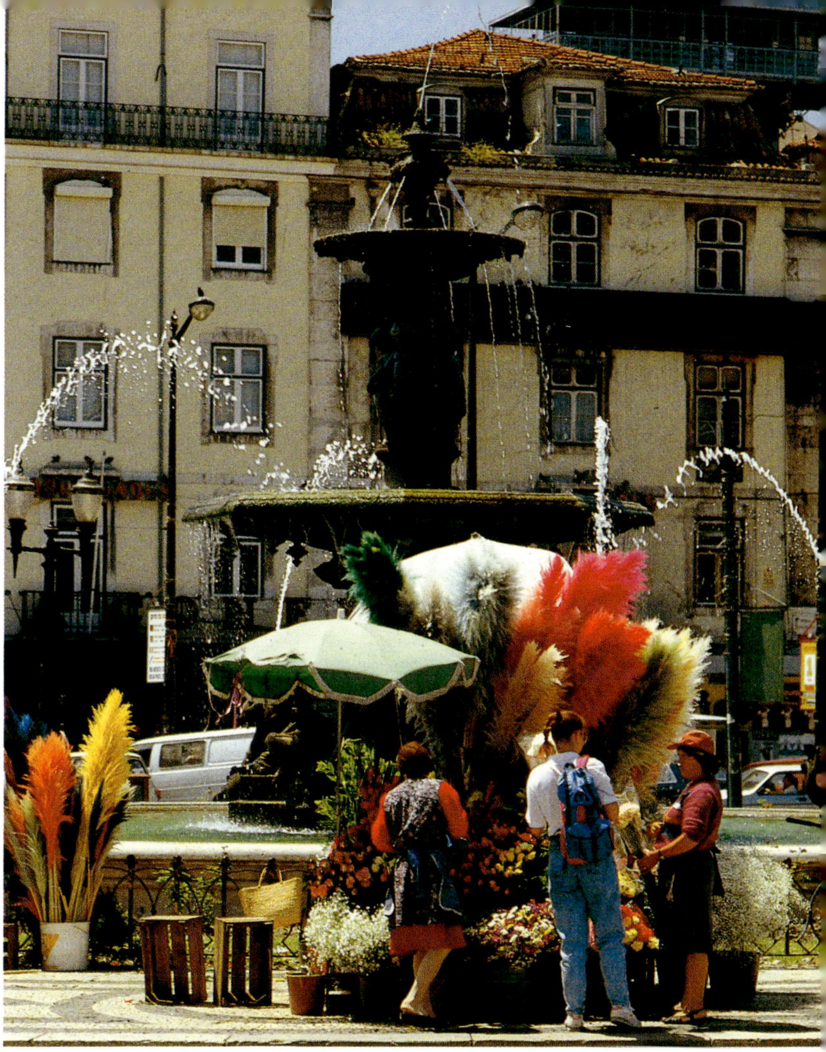

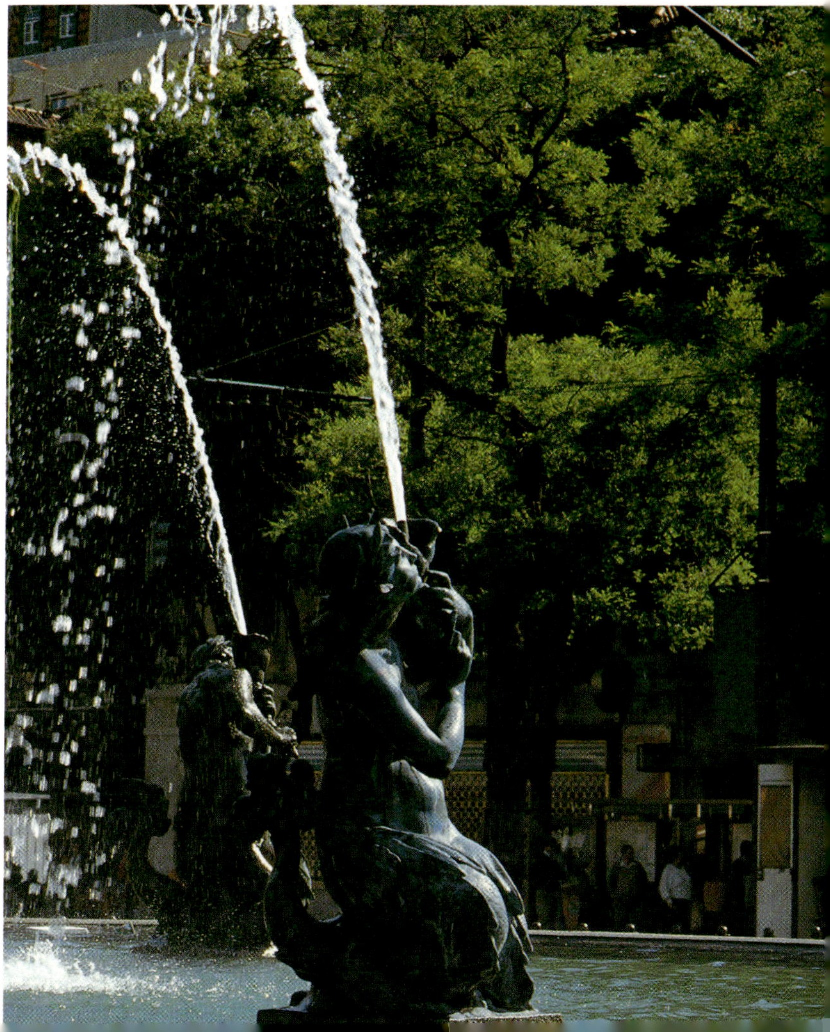

Fontes e flores no Rossio
Fountains and flowers in Rossio

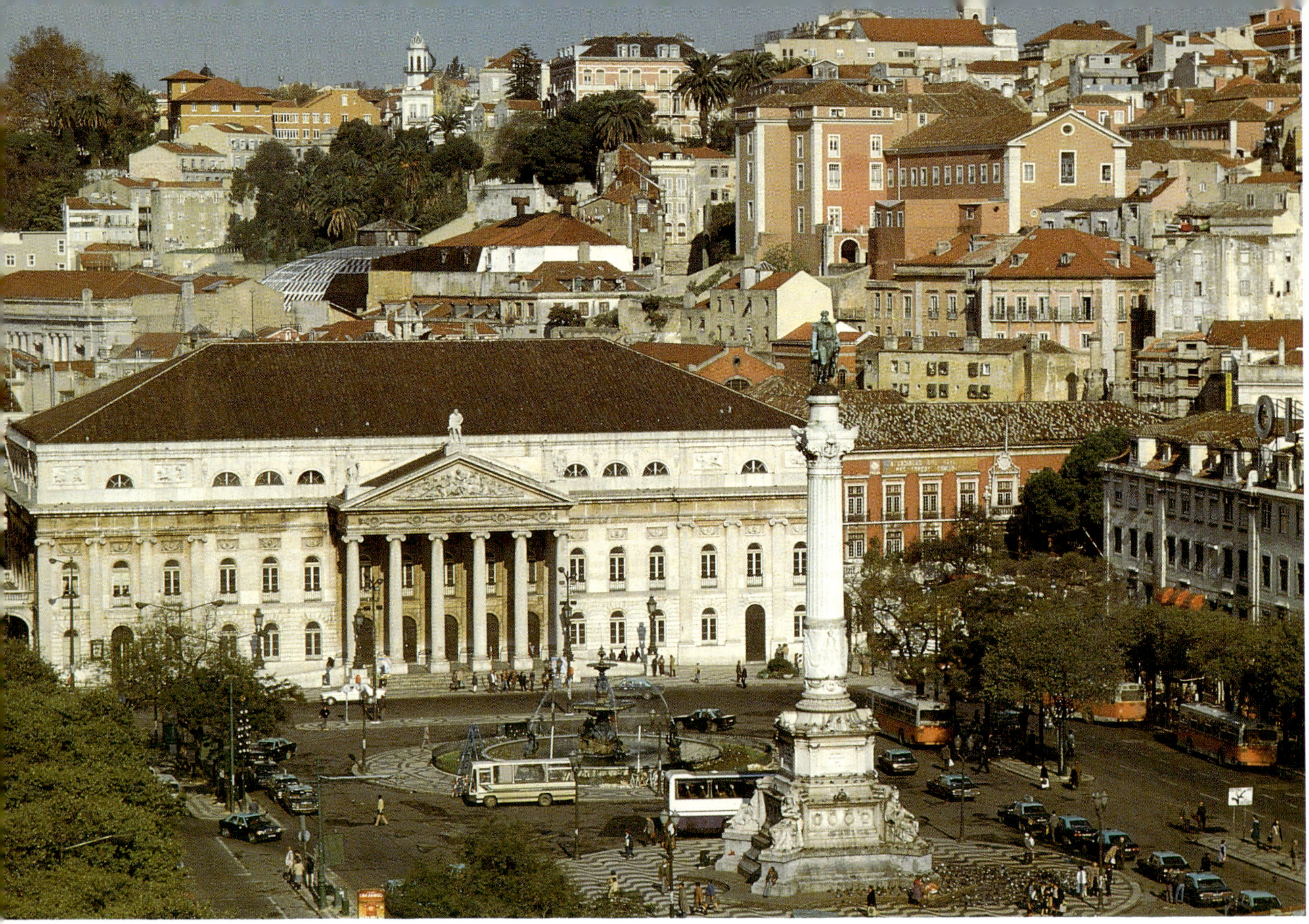

O Teatro Nacional de D. Maria e a Estátua de D. Pedro IV
Dona Maria National Theatre and statue of Dom Pedro IV

terá ouvido falar, se não é estudioso de Lisboa, no palácio «dos Estaus», cuja origem parece datar do remoto século XIV, mas que somente mais tarde, em Outubro de 1449, começaria, como se diria hoje, a funcionar. Com que fim? Muito simplesmente o de hospedaria ou, em linguagem actual, de hotel de cinco estrelas. Acontece que na segunda metade do século XIV os burgueses de Lisboa, «por intermédio dos homens bons da administração municipal», queixaram-se ao rei «dos prejuízos que sofriam com a obrigação de dar pousada aos fidalgos que vinham à capital e que não tinham aqui casa própria». Parece que estes prejuízos eram de vária ordem, desde a material até à sentimental, pois os tais «mestres, cavaleiros, condes, ricos-homens e outros fidalgos quando pousavam na cidade tomavam roupas ou mantimentos contra a vontade dos seus donos» e também «sem cerimónia se apodera-

student of Lisbon, of the 'Palácio dos Estaus', the origin of which seems to date back to the 14th Century but which only later, in October 1449, began to be 'functional', as one would say today. For what purpose? Purely and simply, as a hostelry or, in present-day terms, as a five-star hotel.
The fact is that in the second half of the 14th Century the citizens of Lisbon, «through the mediation of the good men of the municipal administration», complained to the King «of the losses they suffered owing to the obligation to give accommodation to the noblemen who came to the Capital and had no house of their own there». It seems that these losses were of various kinds, ranging from the material to the sentimental, for those «masters, knights, barons, nobles and other fidalgos when they stayed in the town used to take clothing or victuals against the wishes of their

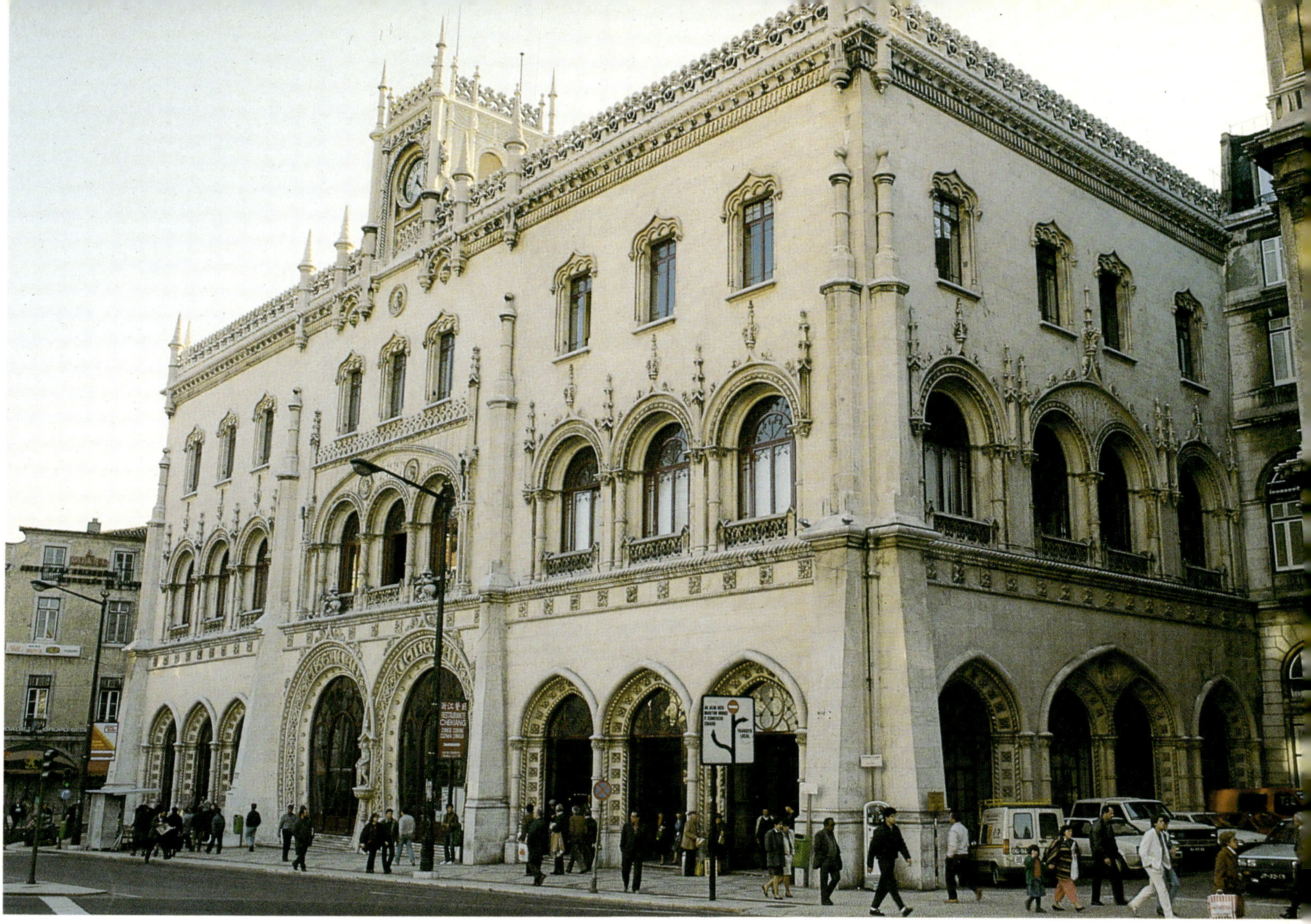

A Estação do Rossio
Rossio Railway Station

vam dos corações das donzelinhas de família do improvisado estalajadeiro». O rei providenciou, pelo menos contra a primeira parte da queixa, difícil seria obviar à segunda, para mais poderia tratar-se, até, de um legítimo desejo de promoção social no qual só há vantagem, mas somente a uma segunda carta régia começaria a ser escutado. Aí poder-se-ia considerar D. Fernando um precursor do hoje chamado «turismo de habitação», embora praticado inversamente... O rei dirige-se com palavras severas aos viajantes abusadores e sugere que se eles quiserem «pousar com os ditos homens bons pousem com aqueles que quiserem ter casas e estalagens por pousadias», isto posto assim, em português actual para facilidade de leitura — e de escrita. Parece que a prática foi mais difícil do que se pensaria hoje. Mais tarde — já depois de 1385, note-se —, D. João I interviria preconizando a construção

owners» and also «with no ceremony took possession of the young ladies of the family of the improvised innkeeper».
The King took steps, at least against the first part of the complaint; it would have been difficult to obviate the second, and it might even be a case of a legitimate desire for social promotion, in which there are only advantages, but only after a second Royal notification did it begin to be heard. In this, King Fernando might be regarded as a forerunner of what is now called 'tourism in private houses', though practised the other way round, since nowadays it is the well-to-do tourists who are the clients of old families who cannot keep up their stately homes. Severe words are addressed to the abusive travellers and it is suggested that if they wish «to take accommodation with the said good citizens, let them stay with those who wish to have houses and inns for accom-

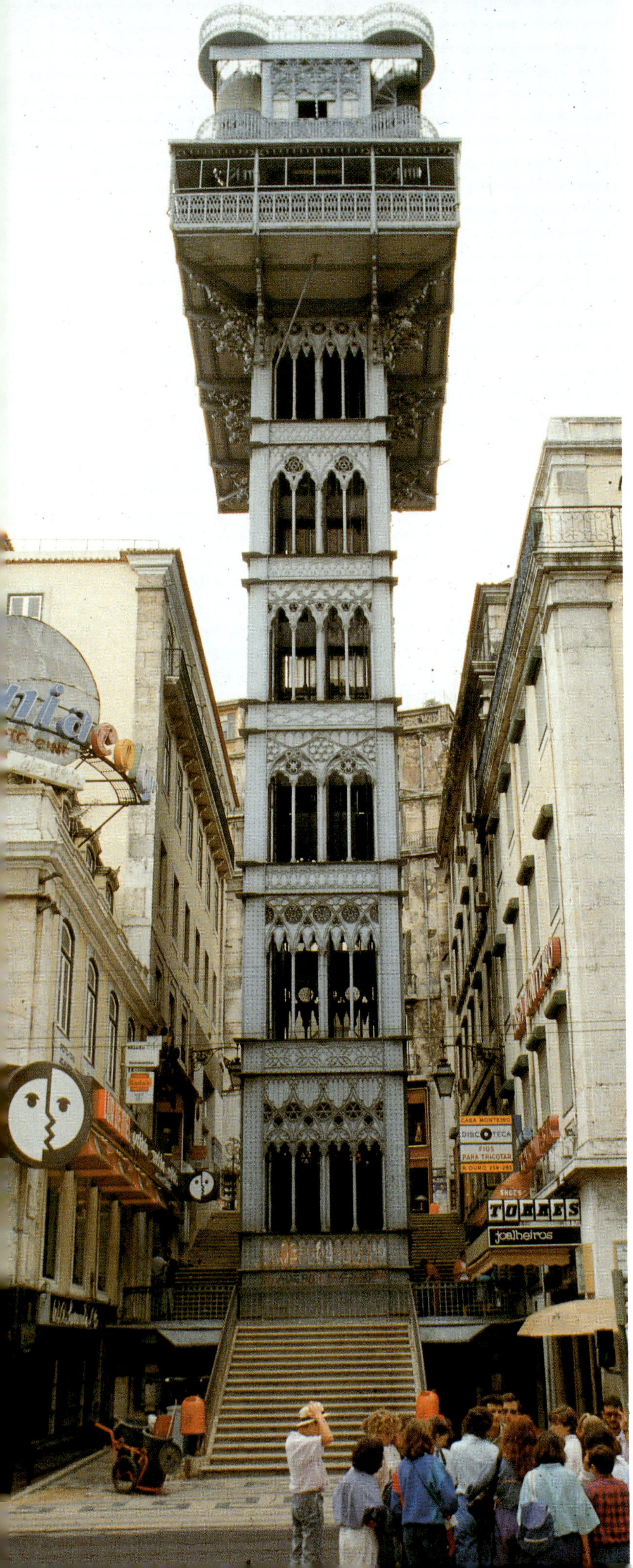

de «albergues honrados»; D. Duarte teria pensado em dar a Lisboa um edifício «onde não só os fidalgos portugueses pudessem hospedar-se como também os embaixadores estrangeiros», mas não teve tempo de vida bastante e caberia a tarefa ao infante D. Pedro quando regente. Em Junho de 1439, este «consignou uma certa quantia para o efeito» mas finalmente só depois da sua morte, em Outubro de 1449, um alvará de D. Afonso V determina o local concreto para construção dos Estaus. Tudo isto é narrado sob reservas quanto a precisões, etc., pelos historiadores lisboetas que se inclinam para a inauguração dos Estaus ainda durante a regência de D. Pedro. E Matos Sequeira esclarece: «o palácio dos Estaus foi de facto construído e o local escolhido para ser levantada essa *Real Hospedaria dos Embaixadores Es-*

---

modation». Is seems that in practice it was more difficult than nowadays one might think. Later — after 1385, it may be said — Dom João I intervened with a proposal for the construction of «honoured hostels»; Dom Duarte seems to have thought about giving Lisbon a building «where not only Portuguese fidalgos *might find lodging, but also foreign ambassadors», but he did not live long enough and the task fell to the Infante Dom Pedro when he was Regent. In June 1439, he «assigned a certain amount of money for the purpose», but it was only after his death, in October 1449, that an edict of Dom Afonso V finally determined the exact site for building the Estaus. All of this is related with reservation as regards exactness, etc., by Lisbon historians, who tend to place the inauguration of the Estaus during the Regency of Dom Pedro. Matos Sequeira explains: «the Palácio dos Estaus was in fact built, and the place chosen for that 'Royal Hostel of Foreign Ambassadors' was the north part of Rossio, an*

O Elevador de St.ª Justa, notável exemplo da arquitectura do ferro de finais do século XIX
Santa Justa Elevator, notable example of architecture in iron from the end of the 19th Century

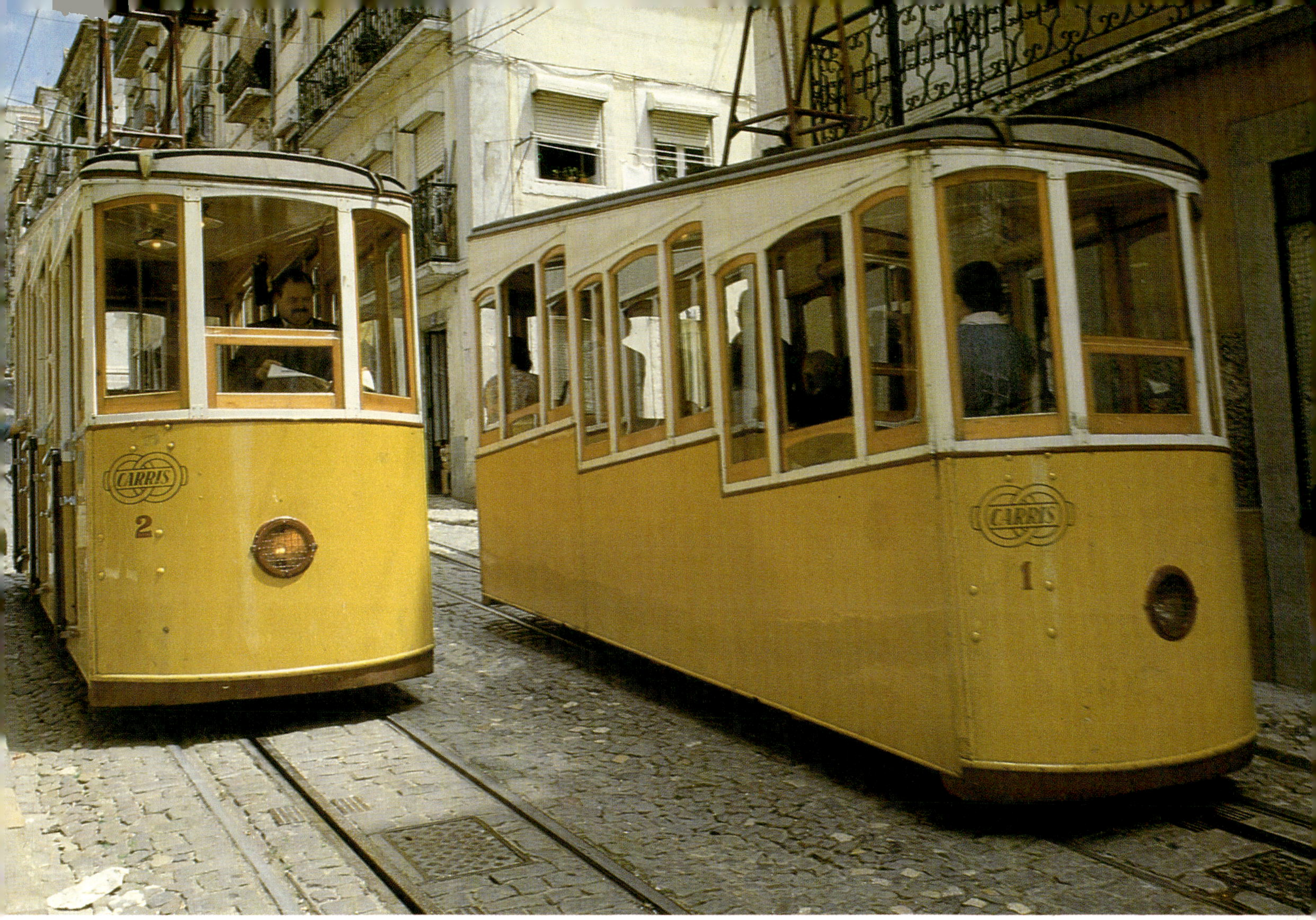

Outro elevador de Lisboa: o da Bica
Another Lisbon elevator — Bica

trangeiros foi a parte norte do Rossio, terreno vastíssimo onde o Convento de São Domingos se erguia havia muito tempo no seu lado oriental e onde, muito chegado ao convento, pouco tempo depois se construiu o sumptuosíssimo Hospital de Todos os Santos». O Palácio dos Estaus deixou de ter serventia, seria num dado momento residência real, com D. João III; ali D. Sebastião receberia o governo do Reino. Até que em 1571 (data discutível, no entanto) ali se instalou o Tribunal da Inquisição, até ao terramoto de 1755. Restaurado o palácio, a Inquisição voltaria a ocupá-lo e o edifício teria ao longo dos tempos diferentes serventias — em 1820 esteve ali o Governo Provisório; a Câmara dos Pares em 1826, a Intendência-Geral da Polícia, o Tesouro Público... Em 1836 um grande incêndio destruiria o palácio. Quando em 1846 se inaugurou o Teatro de D. Maria II, de influência neoclássica, e

extensive zone where the Convent of São Domingos had been built a long time previously on the east side and where, very close to the Convent, a short time afterwards the very sumptuous Hospital de Todos os Santos was built». After the Palácio dos Estaus ceased to be used for its original purpose, it was for a time the Royal residence of Dom João III, and it was there that Dom Sebastião received the Government of the Kingdom. In 1571 (though the date is open to doubt), the Tribunal of the Inquisition was installed there and remained in it until the 1755 earthquake. After the palace was restored, the Inquisition occupied it once more; during the course of time it was used for various purposes: in 1820 the Provisional Government was housed in it; the House of Peers in 1826, the Police General Headquarters, the Public Treasury... In 1836 a great fire destroyed the palace. When in 1846 the Dona

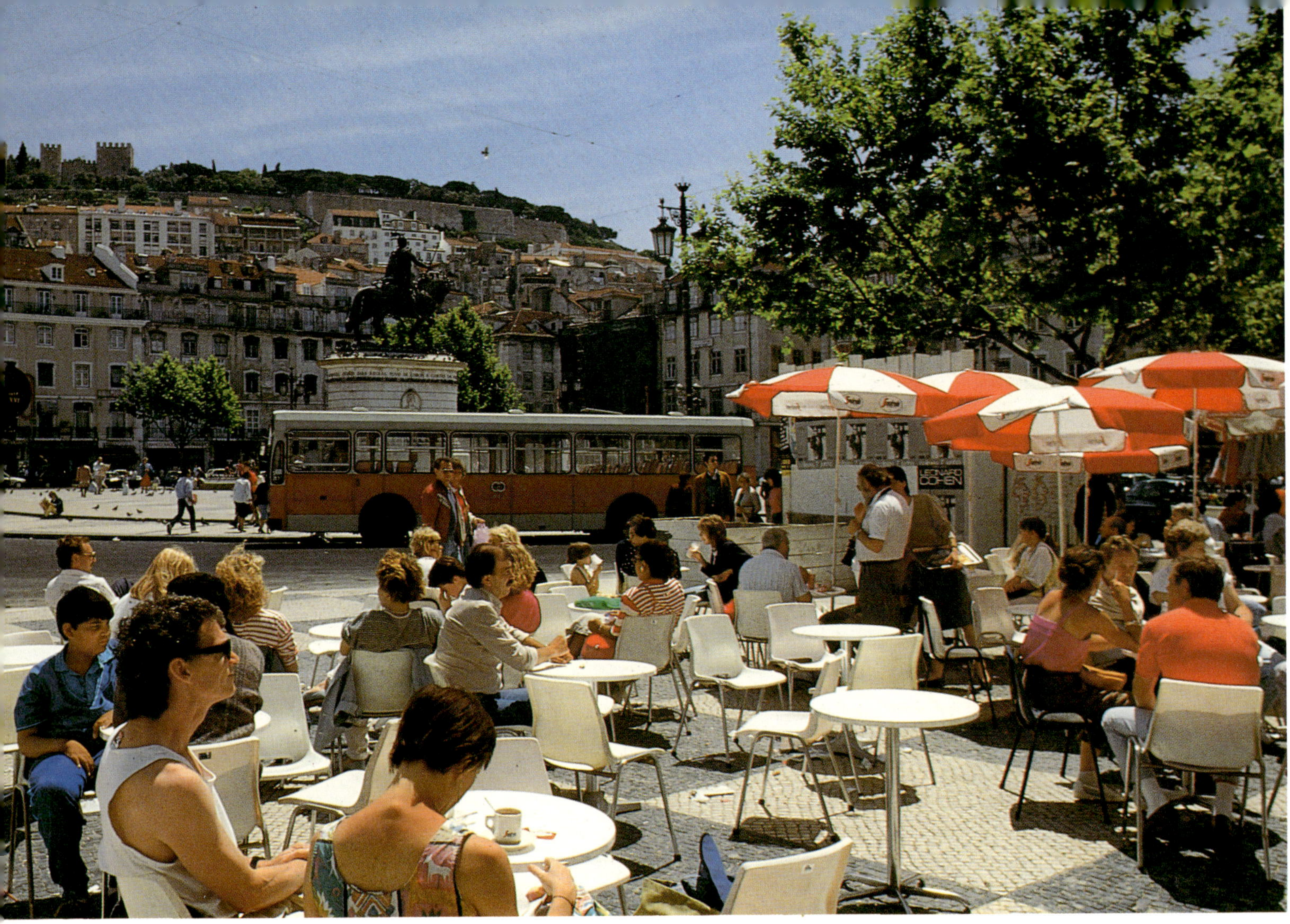

O Sol e um café na Praça da Figueira
Sun and a café in Praça da Figueira

que mais tarde se chamaria de Almeida Garrett em homenagem ao seu fundador, ou quando em 1964 um novo incêndio destruiu o prédio, poucos terão pensado no longo percurso e tão diverso que foi a história do local. Evidentemente, ela confunde-se com a do Rossio e se hoje o Teatro é, com a estátua de D. Pedro IV, o motivo central da praça, Raul Proença lembra-nos que esta assistiu a bem diferentes acontecimentos: «... Autos de Fé, execuções, o pitoresco mercado das terças-feiras, corridas de touros, revistas e paradas militares, festas cortesãs, revoluções...» A história de Portugal passa pelo Rossio. E também por ali o Tejo deixou as suas marcas, tantas que um dia chegou a pensar-se em aproveitar o rio para defesa da capital: «Além das suas magníficas muralhas (Lisboa) possuía ainda outros meios de defesa...», escreve Júlio de Castilho. E adiante: «Pela disposição do Tejo que lhe

Maria II Theatre was inaugurated, built in a style with neoclassical influence (later given the name of Almeida Garrett Theatre in tribute to its founder), or when in 1964 another fire destroyed the building, few people will have thought of the long and varied history associated with the place. Its history is, of course mingled with that of Rossio and although nowadays the Theatre is, together with the statue of Dom Pedro I, the central motif of the square, Raul Proença reminds us that Rossio has been witness to many different events... «Autos de fé, executions, the picturesque market on Tuesday, bullfights, military reviews and parades, Court festivities, revolution»... The history of Portugal passes through Rossio. And there, too, the Tagus left its marks, and indeed one day it was even thought of making use of the river to defend the Capital: «Besides its magnificent walls

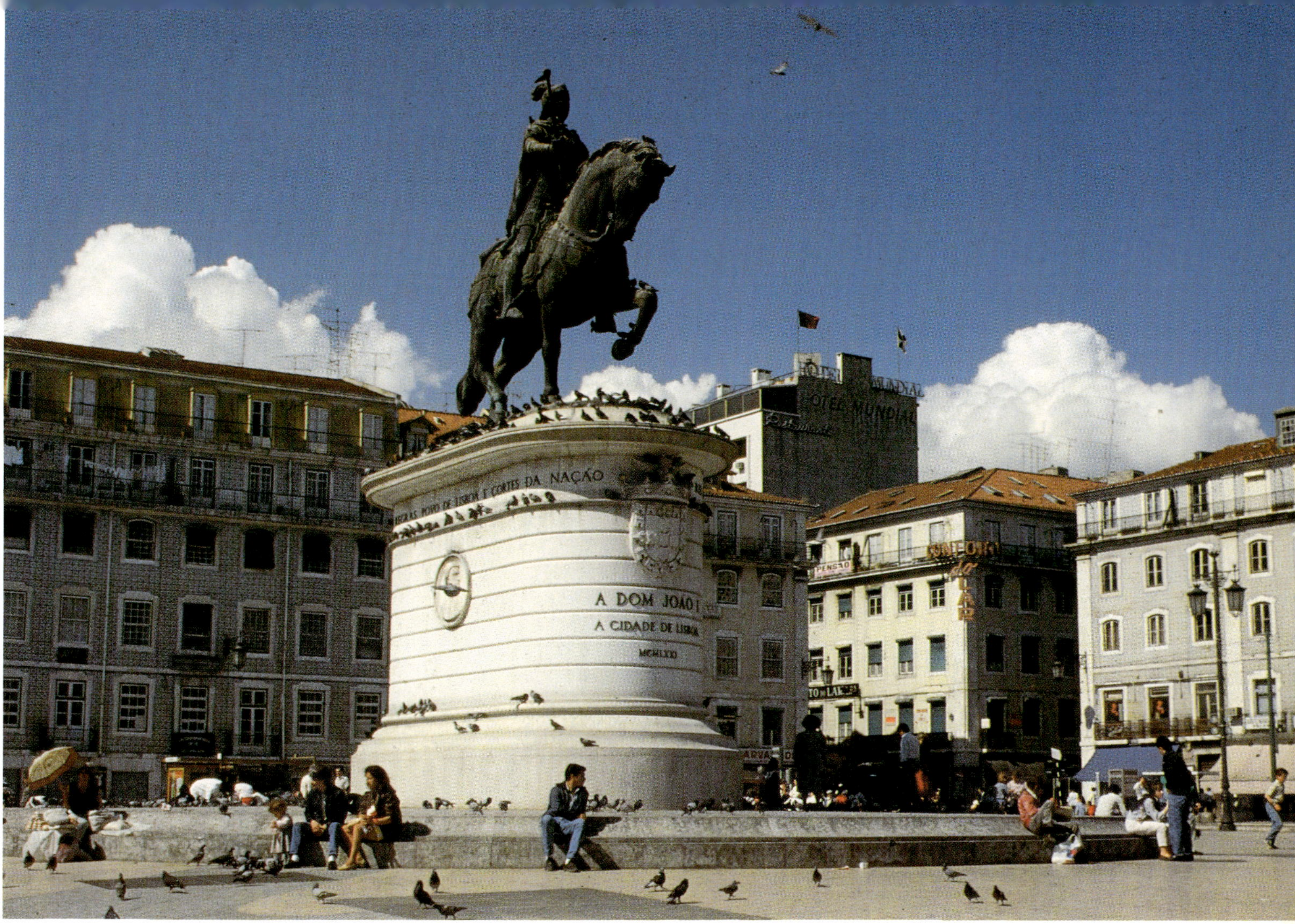

A Praça da Figueira e a Estátua de D. João I
Praça da Figueira and statue of Dom João I

entrava terra adentro por duas bandas era esta cidade uma como península inteiramente apta para ser defendida e dificílima de ser atacada...» Lembra o historiador da capital «o célebre esteiro do Tejo que em tempos remotos penetrava em Lisboa e se lhe entranhava no sertão...» Está documentado que a linha das águas «seguia pela raiz do monte onde tumultuam hoje com suas brilhantes lojas e carruagens o Chiado e o Pote das Almas...» e que ela vinha pela Rua do Crucifixo e «entrava pelo nosso Rossio que é como toda a Baixa terreno de aluvião...», etc. Lisboa tem surpresas, muitas como esta. Não admira que o Rossio, que sempre foi o coração da cidade, tenha as suas.

É fácil amar Lisboa. A cor e a graça, certa feminilidade, ora senhoril ora tosca — sempre autêntica, porém, na sua diversidade. Mais ainda uma profunda consciência de tradição do

(Lisbon) also had other means of defence...» wrote Júlio de Castilho, and he also said: «Owing to the disposition of the Tagus, which penetrated inland on both sides, this city was as it were a peninsula that was entirely suitable for defence and very difficult to attack»... The historian of Lisbon refers to «the well known arm of the Tagus that in remote times came right into the heart of the City...» is is documented that the watercourse «followed the foot of the hill where Chiado and Pote das Almas are now bustling with their fine shops and carriages...» and that it came along Rua do Crucifixo and «entered our Rossio which like all the Baixa is made of alluvial soil...», etc. Lisbon has many unexpected aspects like this and it is only natural that Rossio, which has always been the heart of the City, has its own surprises.

It is easy to fall in love with Lisbon. Its colour

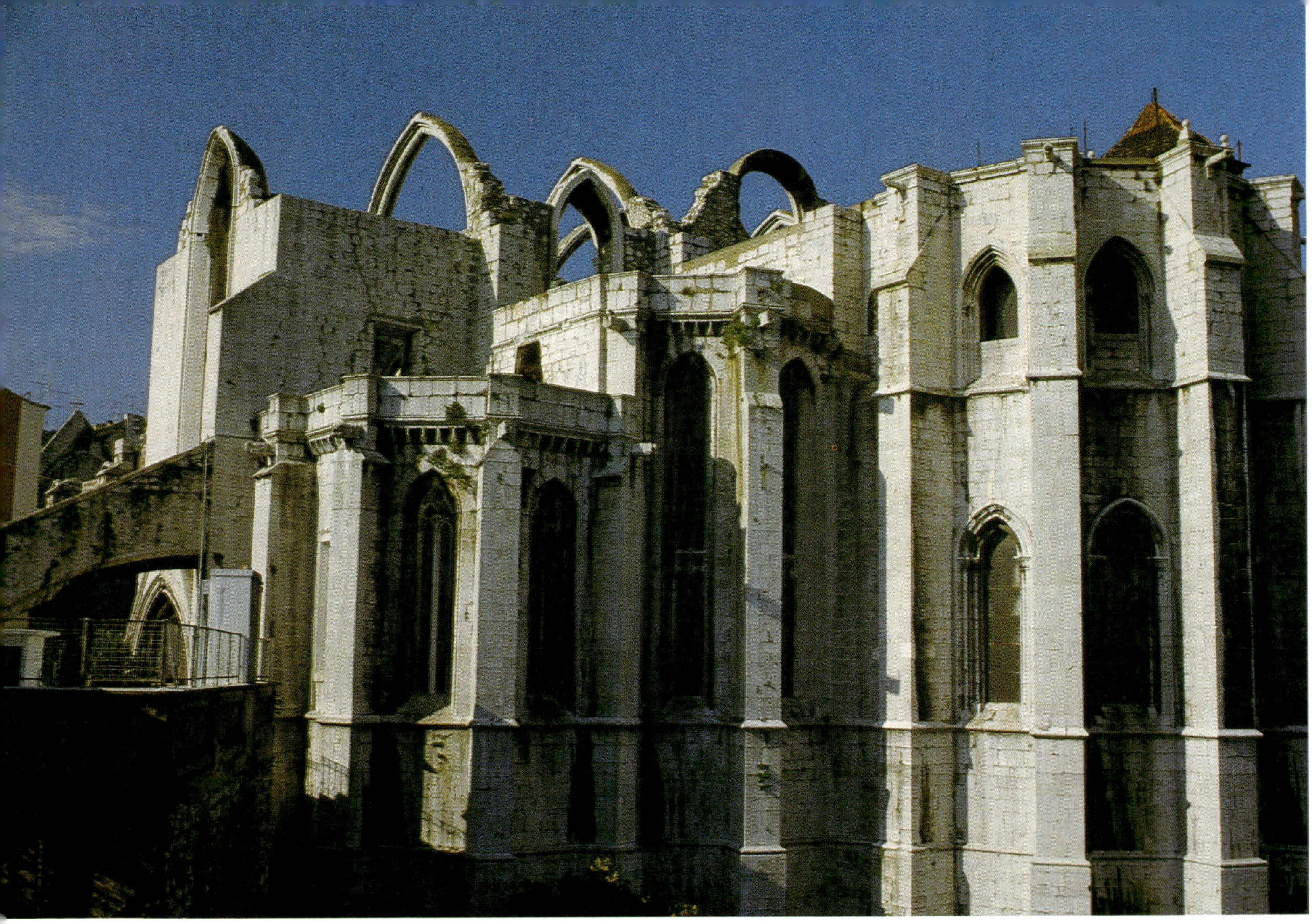

Ruínas do Convento do Carmo
Ruins of Carmo Convent

que a vaidade dela e para conservá-la, a essa tradição, sem exageros saudosistas a cidade sabe ser, muito naturalmente, popular e aristocrática ao mesmo tempo, sem que se ufane dessa dupla condição conforme os ventos da história. Tem uma fidalguia natural nos sentimentos e nos modos e, com uns e outros tempera os seus intervalos de violência, que em geral são de pouca dura. Além disso, Lisboa assimila, se assim se pode dizer, as diferentes variantes regionais que, saindo da mesma raiz ou das mesmas raízes, a procuram. Conhecem-se um minhoto ou um alentejano pela pronúncia, mas Lisboa tem o dom de integrar num mesmo clima quanto ao trabalho, à vivência familiar, aos costumes diários, ao comportamento, gente vinda desse mosaico tão diversificado que é Portugal. Decerto já não é tão fácil como ainda era no século XIX caracterizar bairros, ruas, praças, lugares — cafés,

and grace, a certain femininity that is sometimes ladylike, at others unpolished, but always authentic in its diversity. Together with a profound awareness of tradition, rather than vanity. In keeping that tradition, without exaggerated nostalgia for the past, the City succeeds, in a very natural way, in being both plebeian and aristocratic at the same time, without boasting of that twofold condition according to the winds of history. It has an inborn nobility in its sentiments and ways of being, and with them it tempers its intervals of violence, which as a rule last for only a short time. Moreover, Lisbon manages to assimilate, so to speak, those regional variants which, originating in the same root or roots, come in search of it. One recognises someone from Minho or Alentejo by his accent, but Lisbon has the knack of integrating in the same atmosphere as regards work, family life, daily

botequins, por exemplo — através de personagens típicas de cada região, pois a sucessiva multiplicação de bairros e a imposição descentralizadora do aumento populacional e do crescimento da cidade foi tirando uma boa dose de tipicidade não só às ruas e às casas mas também às próprias pessoas — todos, afinal, fazemos a mesma vida diária, fechamo-nos no bairro onde vivemos, ali nos abastecemos e encontramos uns com os outros. Ainda na primeira metade deste século, a Baixa pombalina era uma espécie de sala de reuniões dos Lisboetas, sobretudo a Rua Garrett, sempre mais conhecida como «Chiado». Muitos se interrogam porquê esta designação, se foi a estátua do poeta satírico do século XVI no topo da rua, que lhe deu o nome — quando se ignora ou esquece que ela é ali recente, data de 1925 a sua

---

customs, behaviour, the people coming from that diversified mosaic that is Portugal. To be sure, it is not as easy as it still was in the 19th Century to characterize quarters, streets, squares, places — cafés, taverns, for example — through their habitués, because the successive multiplication of town districts and the decentralizing imposition of increased population and growth of the town has been gradually making less typical not only streets and houses but also persons. All for us, after all, have the same daily life, shut ourselves in the suburb where we live and do our shopping there and meet one another. As late as the first half of this century, the Baixa Pombalina was a sort of meeting room for the people of Lisbon, especially Rua Garrett, always better known as the Chiado. Many people wonder about the reason why it is called 'Chiado', whether it was the statue of the satirical poet of the 16th Century, at the top of the street, that gave it the name. But people do not know, or forget, that the statue is of recent date; it was inaugurated in 1925. Historians concerned with Lisbon long ago discovered the origin of

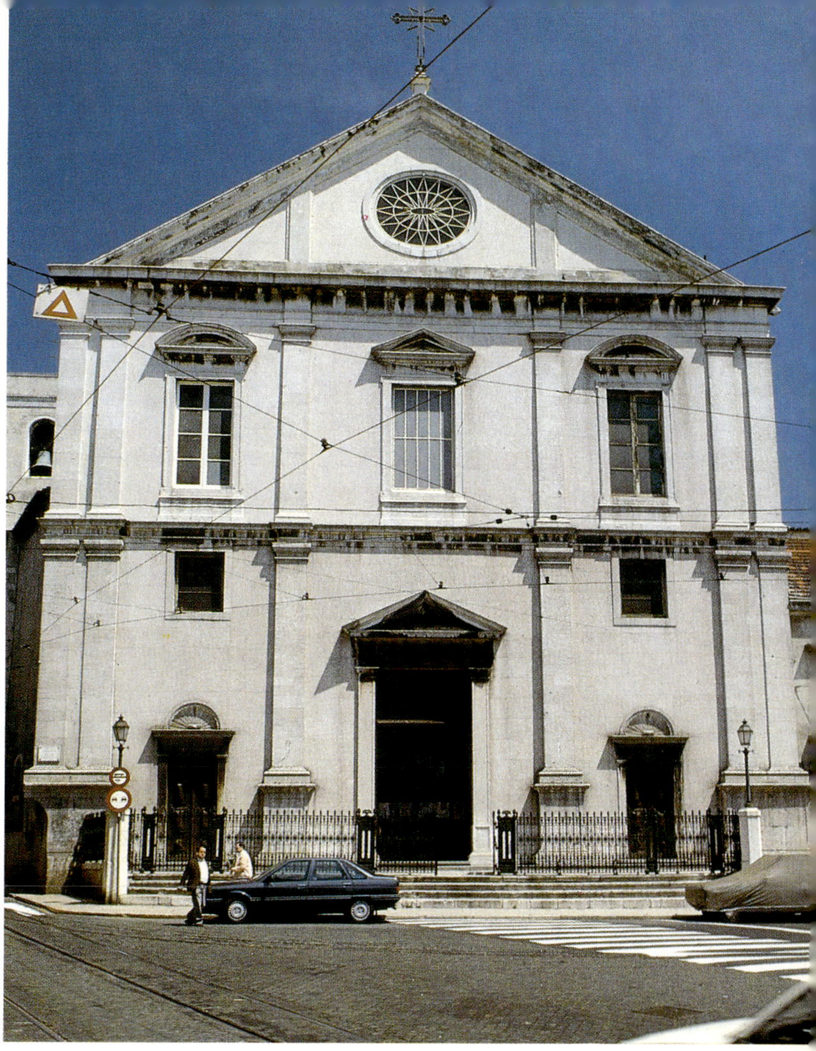

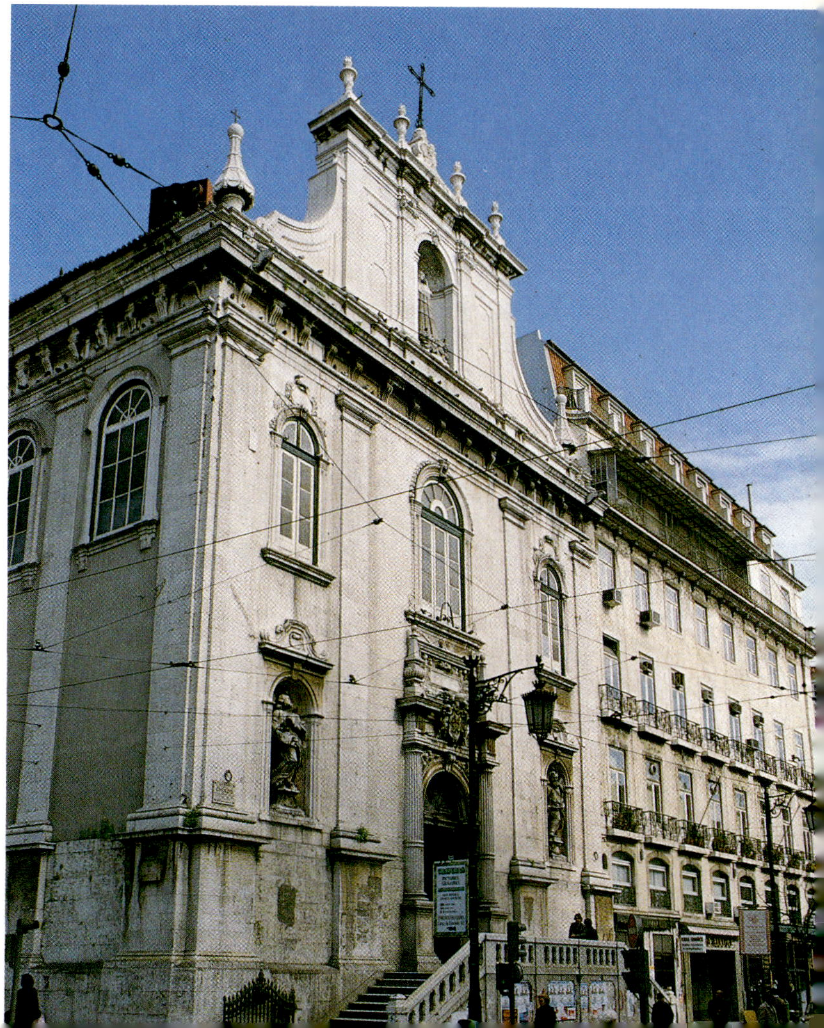

As Igrejas de S. Roque e do Loreto
Churches of São Roque and Loreto

inauguração. Os estudiosos de Lisboa há muito descobriram a origem do seu nome num documento da colegiada de S. Julião de Lisboa, de 1567 «que é o reconhecimento do foro, feito à referida colegiada, de umas casas no topo da Calçada de Paio de Navais, na Rua Direita das Portas de Santa Catarina». As casas tinham sido aforadas em primeira mão a Gaspar Dias, *O Chiado* de alcunha, vinhateiro, e este nomeara a segunda pessoa em sua mulher, Catarina Dias, dona viúva, mulher que foi de Gaspar Dias, Chiado que é como aparece no documento a reconhecer o senhorio directo da colegiada. Esta, em síntese, a origem do nome da rua que foi durante o século XIX a principal da cidade e que ainda o era nas primeiras décadas deste. Matos Sequeira conta como a designação é antiga e criou raízes: «Em 1608 diz-se *ao Chiado*»; em 1609, «a par do *Chiado*», em 1610 «ao *Chiado* na Rua Direita...» Lembra

the name 'Chiado' in a document of the Collegiate Church of São Julião of Lisbon, dated 1567, which is the recognition of the lease to that church of some houses at the top of Calçada de Paio de Navais, in Rua Direita das Portas de Santa Catarina. The houses had first been leased to Gaspar Dias, nicknamed 'O Chiado', wine-dealer, and he had appointed as second party his wife Catarina Dias, widow, «who had been the wife of Gaspar Dias, Chiado», which it how he appears in the document recognising direct ownership of the Collegiate. This, briefly, is the origin of the name given to the street that during the 19th Century was the main street of the City and still was in the first decades of this century. Matos Sequeira explains how old is the name and how it became deep rooted: «In 1608 people said (speaking of some nearby place) ao Chiado *(by Chiado); in 1609* a par do Chiado

Eça de Queiroz; à *direita:* Camões
Eça de Queiroz; right: *Camões*

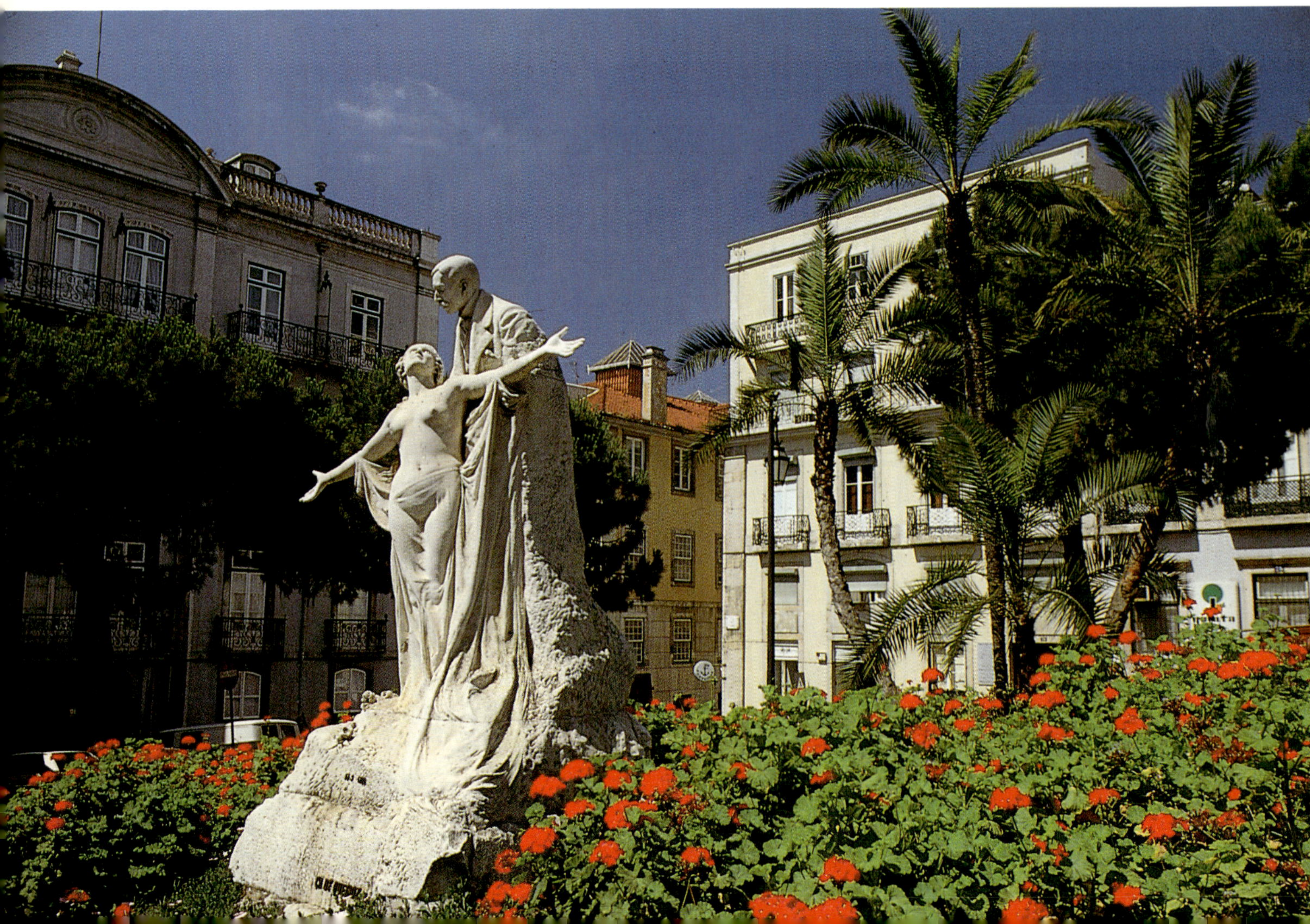

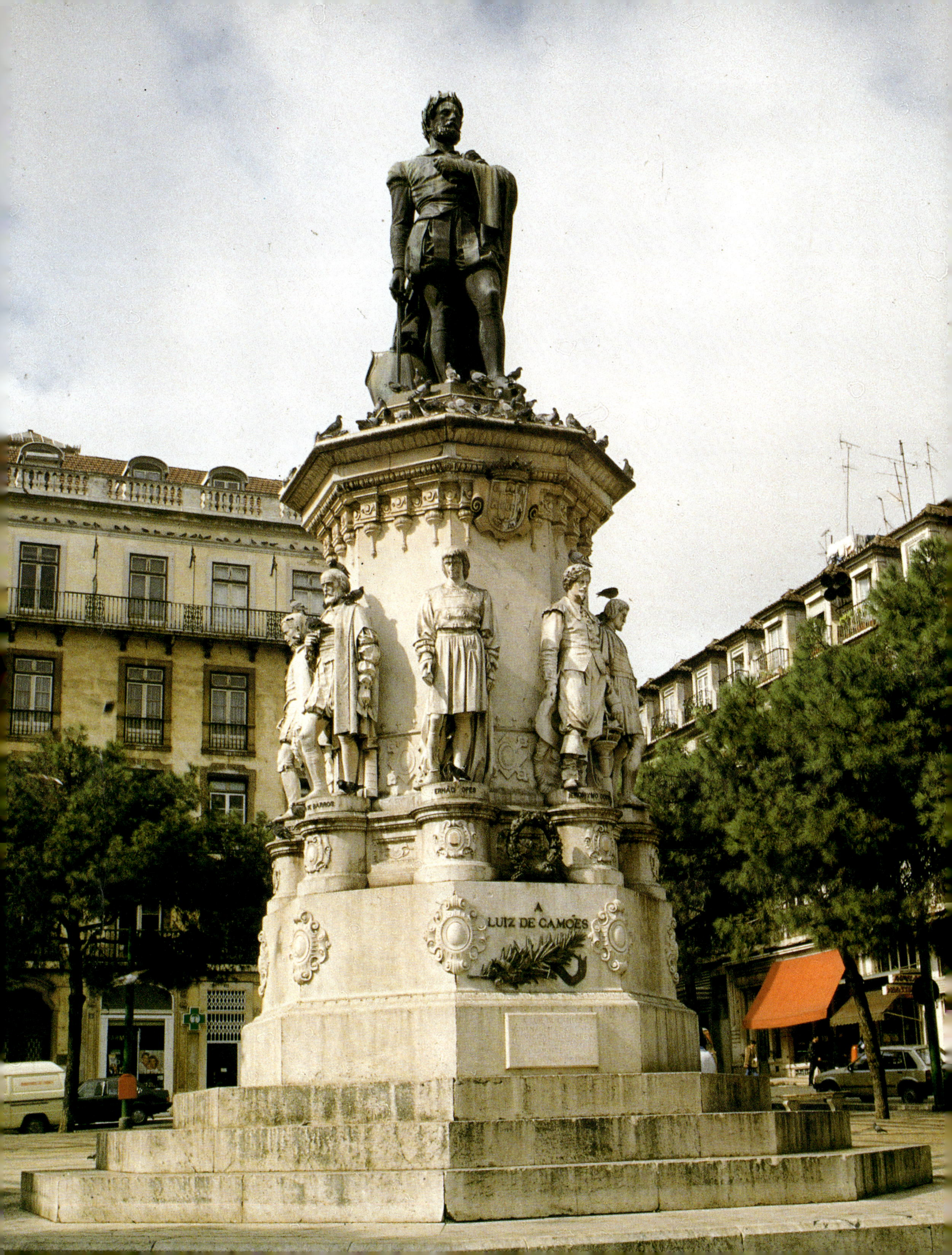
A
LUIZ DE CAMÕES

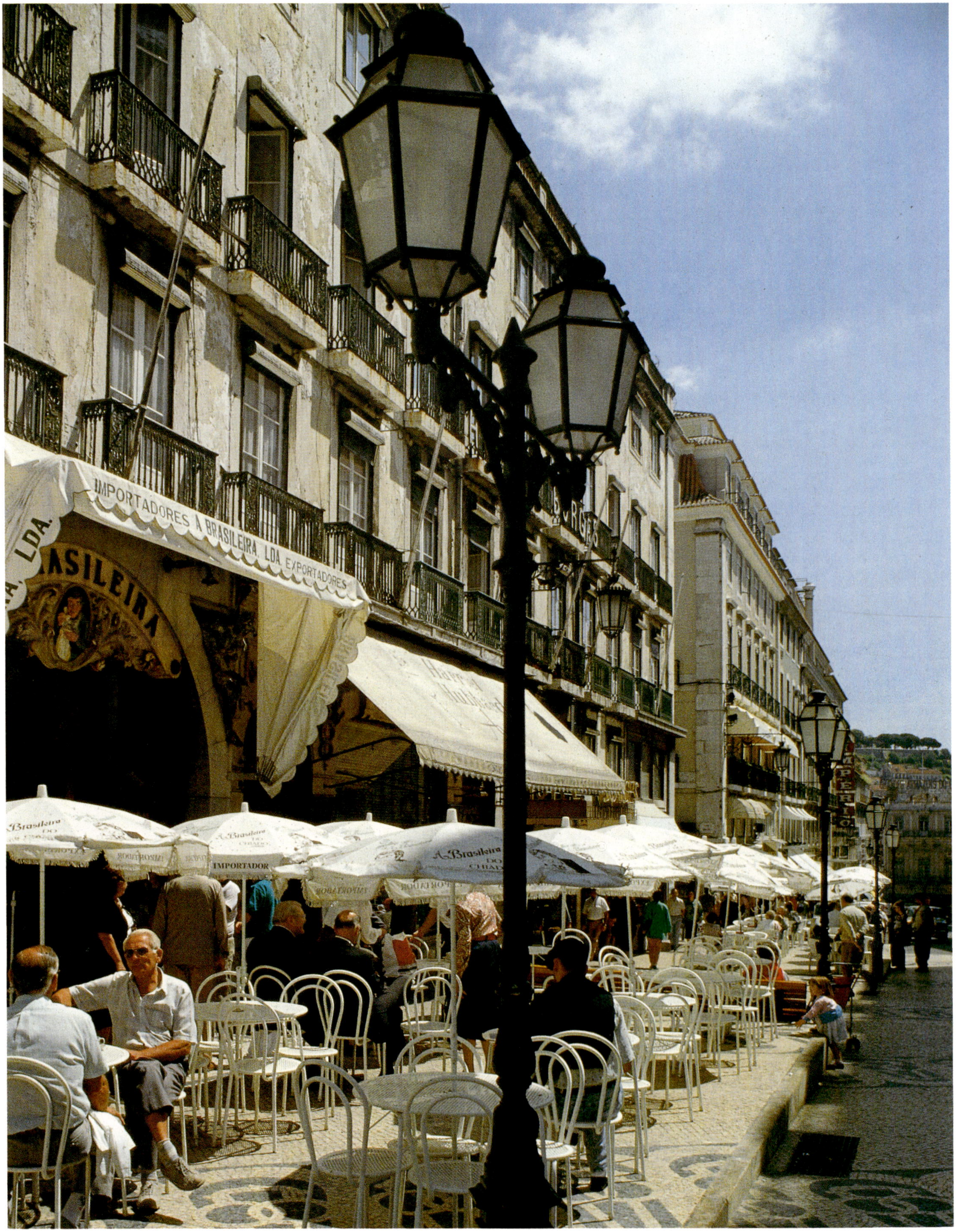
IMPORTADORES A BRASILEIRA, LDA. EXPORTADORES
LDA.
ASILEIRA
A. Brasileira DO CHIADO
IMPORTADOR

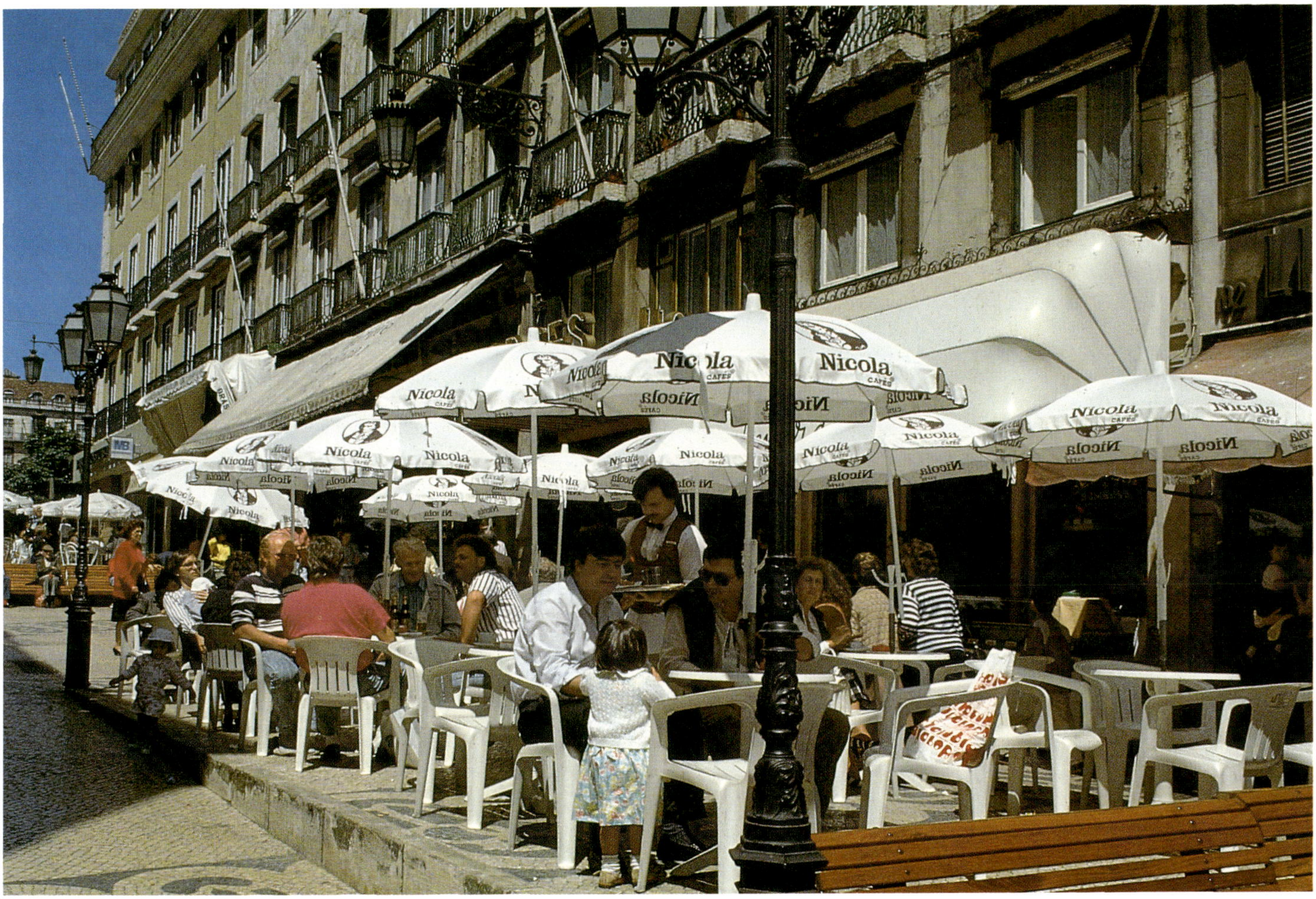

Esplanadas no Chiado: a Brasileira e a Bénard
Esplanades in Chiado: A Brasileira and Bénard

também que «o Chiado torna-se 'posto', ponto de referência, 'sítio', indicação segura». Mais tarde deram o nome do grande poeta romântico, Garrett, à rua «onde possivelmente o poeta nunca poetou». Em 1938, porém, o investigador da velha Lisboa já podia lembrar: «O Chiado é um símbolo de Lisboa; é um corpo doutrinário de princípios alfacinhas, é a síntese romântica do século XIX como foi a síntese do gongorismo político de 1606.» Na verdade, terá sido sempre conhecido pela alcunha que era a de Gaspar Dias, um desconhecido... É, assim, uma rua de velhas tradições, que não esmorecem com o tempo: por um lado elas se consolidam, por outro se ampliam nos seus velhos prédios, nos seus puídos passeios escorregadios, nas suas esquinas que, de tanto ouvirem e verem, acabaram personagem de romance, tema de estudo, motivo de crónica. No entanto, curiosamente, nessa rua da

(off Chiado), in 1610 ao Chiado na Rua Direita *(near Chiado in Rua Direita». He also points out that «Chiado thus becomes a 'place', point of reference, a sure indication». Later they gave the name of the great romantic poet Garrett to the street «where possibly the poet never imagined poetry». In 1938, however, the researcher into old Lisbon recalled: «Chiado is a symbol of Lisbon; it is the doctrinary body of native principles, it is the romantic synthesis of the 19th Century as it was the synthesis of the political gongorism of 1600». The fact is that it must have always been known by the nickname of Gaspar Dias, an unknown man. And so it is a street of old traditions that do not fade with time: on one hand they are consolidated, on the other they are extended in its old buildings, on its well worn, slippery pavements, on its corners which, from seeing and hearing so much, have*

capital há mais tradição do que história propriamente dita. Aos poucos, o Chiado foi-se inserindo no centro de certa mitologia literária lisboeta que pela segunda metade deste nosso século — mesmo antes do incêndio de Agosto de 1988 — começaria a declinar sem que seja lícito prever que desapareça, mesmo porque outras ruas, outros bairros, menos acentuadamente embora, possuem a sua também. A memória lisboeta precisa dessa mitologia que tem no tempo e na imaginação de cada um os seus artífices.

A descentralização da vida na capital (Lisboa é hoje uma cidade policêntrica), a exigência dos grandes «dormitórios» de Odivelas, Amadora, Sacavém ou os das linhas de Cascais e de Sintra, foram factores que contribuíram para tirar ao Chiado a primazia da antiga condição de encruzilhada rica na qual confluíam os habitantes das zonas mais diferentes. Era ele uma das portas de entrada para a Baixa pombalina, à qual de certo modo pertencia e foi na Baixa que durante muitos anos se concentraram o comércio, a banca, os grandes armazéns, as pastelarias ou os botequins afamados, entre os mais prestigiosos o Marrare, de todas as crónicas da época, centro de convívio mundano mas sobretudo de conspiratas políticas no final da primeira metade do século XIX. Não somente essa condição lhe deu fama, parece que também certa espécie de elitismo, bem lisboeta durante muitos anos, elitismo que na verdade nem sempre o seria mas semelhava sê-lo, para mais num recinto que não tinha características de clube fechado, pois era um estabelecimento aberto a todos, ou que deveria sê-lo. Foi sempre reservado para núcleos de «escolhidos» e em geral nestes casos nunca se chega a saber ao certo qual o critério da escolha. «Foi notável aquele Café», explicaria Bulhão Pato. «Assumiu um carácter literário e político que hoje pertence à história. Ali só entravam pessoas que andassem em certa roda. As outras não se sentiam à vontade em semelhante convivência ou em tal meio...» Um dos motivos, bem justos, convenhamos, da rápida fama do Marrare foi ter sido este café o primeiro em Lisboa — isto passa-se em 1848 — que teve ilumina-

become a personage of romance, theme for study, subject of news items. Nevertheless, strangely enough, in this street of the Capital there is more tradition than history, properly speaking. Little by little, Chiado has insinuated itself into the midst of a certain literary mythology of Lisbon which, by the second half of our century, even before the great fire of August 1988, had begun to decline, even though it is not licit to foresee its disappearance, also because other streets, other parts of the town, in a less marked way no doubt, have their mythology too. The memory of Lisbon needs that mythology which in time and in the imagination of each of us has its artificers.

Decentralization of life in the Capital (Lisbon is nowadays a polycentric town), the requirement of the great 'dormitories' of Odivelas, Amadora, Sacavém or of the Cascais and Sintra lines, have been factors which have helped to rob Chiado of its pride of place of old as a rich crossroads to which streamed the inhabitants of the most different zones. It was once one of the gateways to the Baixa pombalina, *to which in a certain way it belonged, and it was in the* Baixa *that for many years were concentrated commerce, banks, the big stores, the confectioners and famous cafés, among the most prestigious being the Marrare, in all reportage of the epoch, centre of mundane gatherings but above all of political conspiracies at the end of the first half of the 19th Century. It was not only that condition that brought it fame, it seems that it was due also to a certain kind of élitism, very characteristic of Lisbon for many years, an élitism that was not really élitism but seemed to be so, particularly on premises that did not have the features of a closed club, since it was an establishment open to everyone, or ought to be. It was always reserved for nuclei of the 'chosen' and in general in these cases one never succeeds in discovering the criterion of choice. «That café was remarkable», said Bulhão Pato. «It acquired a literary and political character that now belongs to history. The only people who went there were those who belonged to a certain milieu. Other people did*

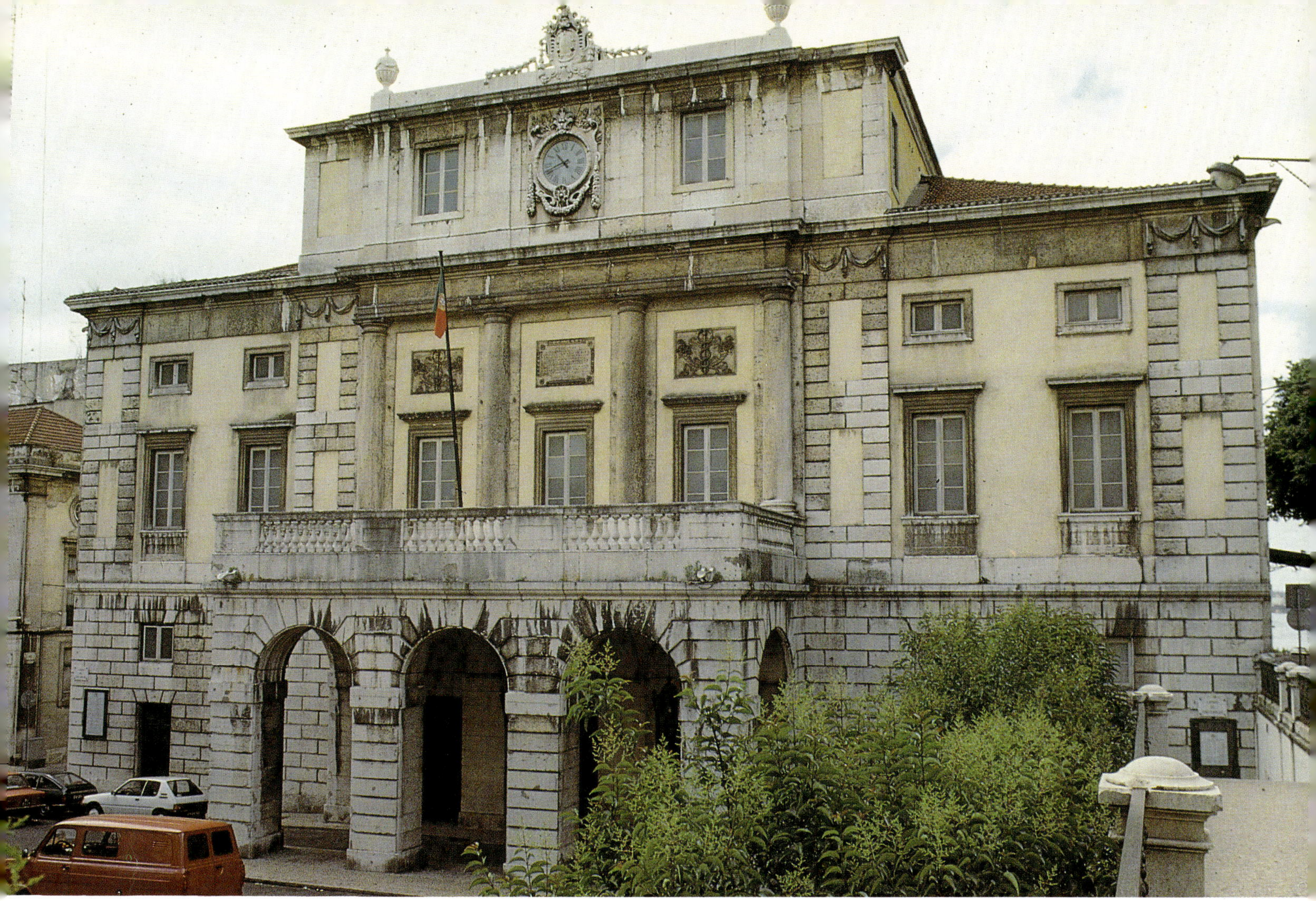

O Teatro Nacional de S. Carlos
São Carlos National Theatre

ção a gás, antes mesmo, contam os historiadores da cidade, do Rossio ou do Teatro de S. Carlos. O Marrare situava-se no local onde mais tarde seria o Café Chiado que a minha geração ainda frequentou. Hoje é uma sala de atendimento, assaz sofisticada no bom e no mau sentido da palavra, de uma seguradora. Fechada há anos a Pastelaria Marques, tendo mudado os donos e os frequentadores — da Benard, sobrevive a Brasileira, inaugurada em 1908, célebre também durante décadas pelos painéis de pintores da geração modernista que ali tinham seu pouso habitual — Almada Negreiros, António Soares, Eduardo Viana, Jorge Barradas entre outros. Fernando Pessoa, tal como muitos outros poetas e escritores nossos contemporâneos, reunia-se, por vezes, ali com a sua meia-dúzia de amigos escolhidos, mas foi no discreto Café Martinho da Arcada, no Terreiro do Paço, que ele escreveu a maior

not feel at ease in such company or in such surroundings...» One of the reasons, a very good one, it must be admitted, for the rise to fame of the Marrare was that it was the first café in Lisbon (this was in 1848) to have gas lighting, even before Rossio or the São Carlos Theatre, historians tell us. The Marrare was located where there later appeared the Café Chiado, still frequented by my generation. Today it is the waiting room, somewhat sophisticated (in the good and bad sense of the word), of an insurance company. The Pastelaria Marques has been closed for some years; the owners and clientèle of Benard have changed, there survives the Brasileira, inaugurated in 1908 and was also famous for decades for its panels by painters of the modernist generation who were regulars there — Almada Negreiros, António Soares, Eduardo Viana, Jorge Barradas and others.

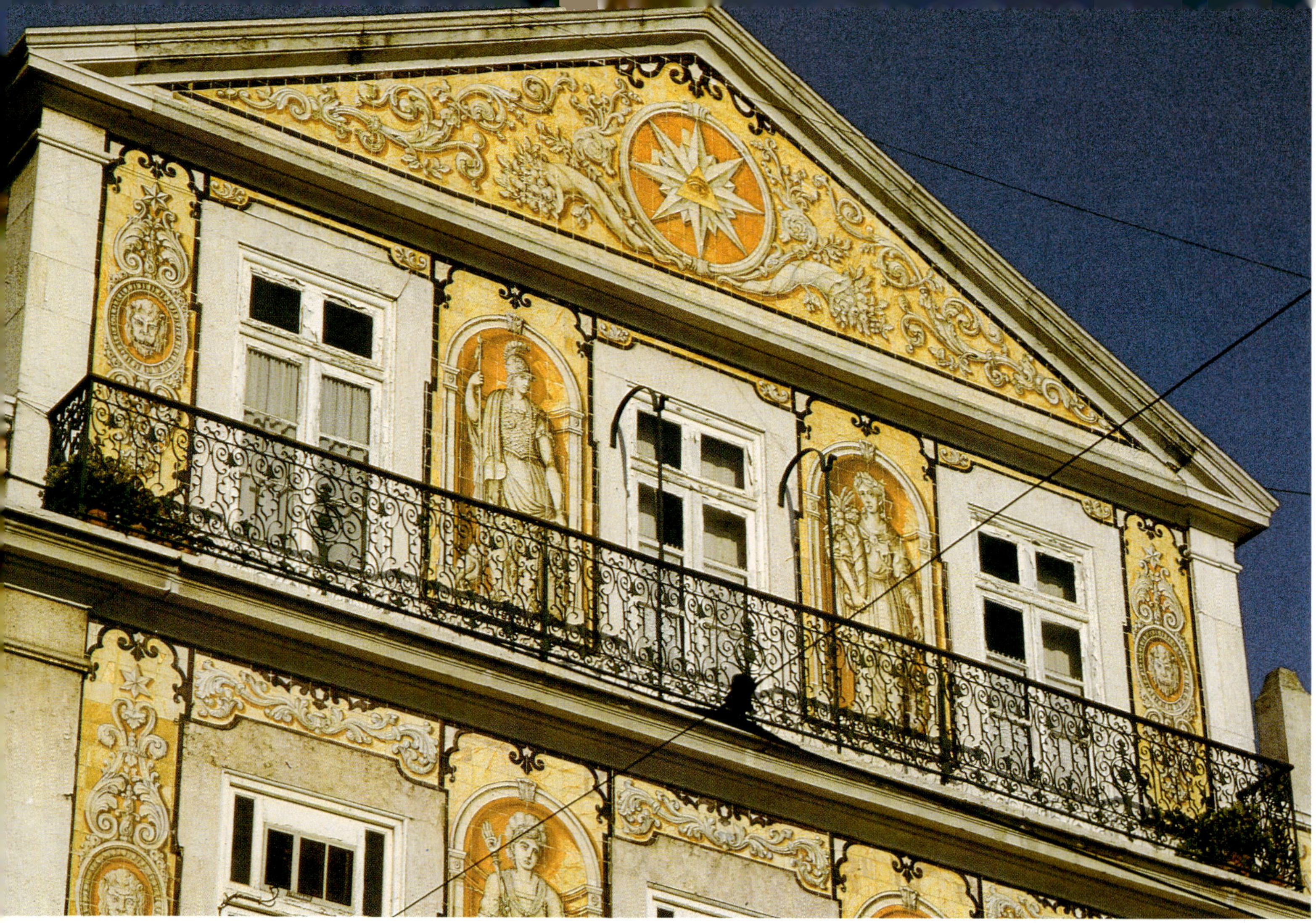

Azulejos de grande qualidade revestem muitas fachadas lisboetas
Splendid Glazed tiles are a feature of many façades of houses in Lisbon

parte da sua obra. Ia, porém, com frequência à Brasileira e uma das suas raras fotografias mostra-o precisamente a descer a rua. Na esplanada que recentemente instalaram frente ao café há agora um curioso monumento ao poeta: em bronze, de chapéu na cabeça, sentado a uma mesa, Fernando Pessoa confunde-se, afinal, com o cliente anónimo. Discuta-se a legitimidade literária da evocação, naquele local, e tão exposto, de poeta assim secreto, ninguém negará tratar-se de uma bela obra de arte do escultor Lagoa Henriques; legitimidade histórica, é inegável: Pessoa nasceu a dois passos, no Largo de S. Carlos. Aliás, a seguirmos de novo o roteiro lisboeta de Matos Sequeira, no mesmo local onde Nuno Gonçalves teria casa, cerca de 1463. Com o desenvolvimento da Vila Nova, de D. João I, o pintor comprou o «quintalão com uns pardieiros, possivelmente para sua oficina». Cabe aos eruditos confirmar

Fernando Pessoa, like many other of our contemporary poets and writers, sometimes used to meet there with a handful of chosen friends, but it was in the discreet Café Martinho da Arcada, in Terreiro do Paço, that he did most of his writing. He often used to go to the Brasileira, however, and one of the rare photographs of him shows him going down the street nearby. On the esplanade that was recently made in front of the café there is now a strange monument to the poet: it is in bronze and shows him, hat on head, sitting at a table. Fernando Pessoa is in fact confused with the anonymous client. One might discuss the literary legitimacy of evoking in such an open space so secretive a poet, but nobody will deny that it is a fine work of art by the sculptor Lagoa Henriques; historically legitimate, without any doubt: Pessoa was born a stone's throw away, in Largo São Carlos, in fact,

mais este título de zona tão ilustre; por nós apenas o registamos mas do ulissipógrafo e académico que foi Matos Sequeira não conhecemos engano nesta matéria. O Teatro de S. Carlos, outra legenda do século XIX lisboeta e tão significativo sociologicamente da sua vida artística, aristocrática e mundana, foi inaugurado em 1793.

Depois de ter sido palco de uma efémera glória das figuras da boémia cortesã da capital, o Chiado promoveu-se como ponto de encontro, de reunião, de conversa, e também, claro, de trabalho, para os empregados das lojas de modas, das livrarias, restaurantes e cafés, que por ali foram abrindo e, mais tarde, de armazéns, empresas, escritórios que, no entanto, não lhe roubaram o inicial toque aldeão e tribal, nele se misturando e convivendo. Dir-se-á que tudo isso é história, mais ou menos re-

---

following Matos Sequeira's guidance in Lisbon, on the same site where Nuno Gonçalves probably had a house, about 1463. With the development of the Vila Nova of Dom João I, the painter bought «the back yard with some decrepit buildings, possibly for his studio». It is up to the erudite to confirm what is yet another very illustrious title to a zone; I only mention it, though I do not think that such a learned historian of Lisbon as Matos Sequeira makes mistakes. The São Carlos Theatre, another landmark in 19th Century Lisbon and so sociologically significant in its artistic, aristocratic and mundane life, was inaugurated in 1793.

After having been the stage for an ephemeral glory of figures in the bohemian world of the Capital, Chiado advanced to be a place of meeting, conversation and also, of course, of work, for the fashion shops, bookshops, restaurants and cafés that were opened there, and later of stores, firms and offices which, however did not deprive it of its initial tribal, village atmosphere, and there people mixed and lived together. One might say that all of this is fairly remote, or recent, history and in many books is treated as such. What has been most lasting in Chiado, however, even until our day,

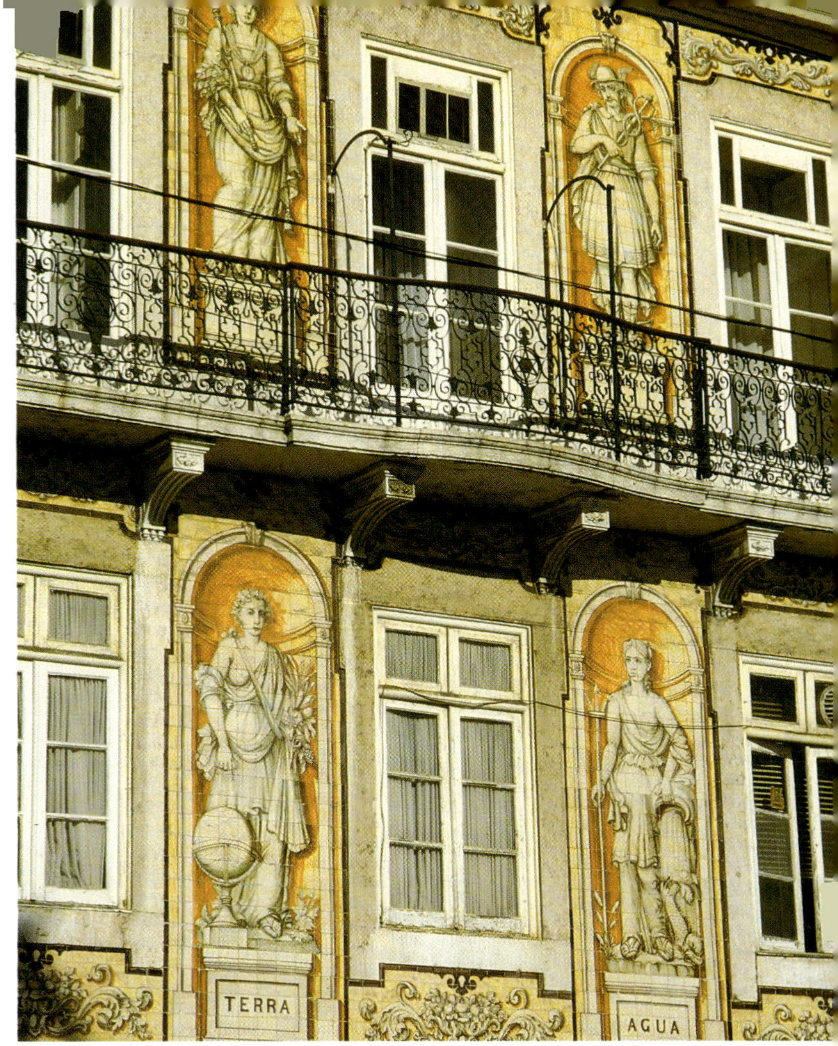

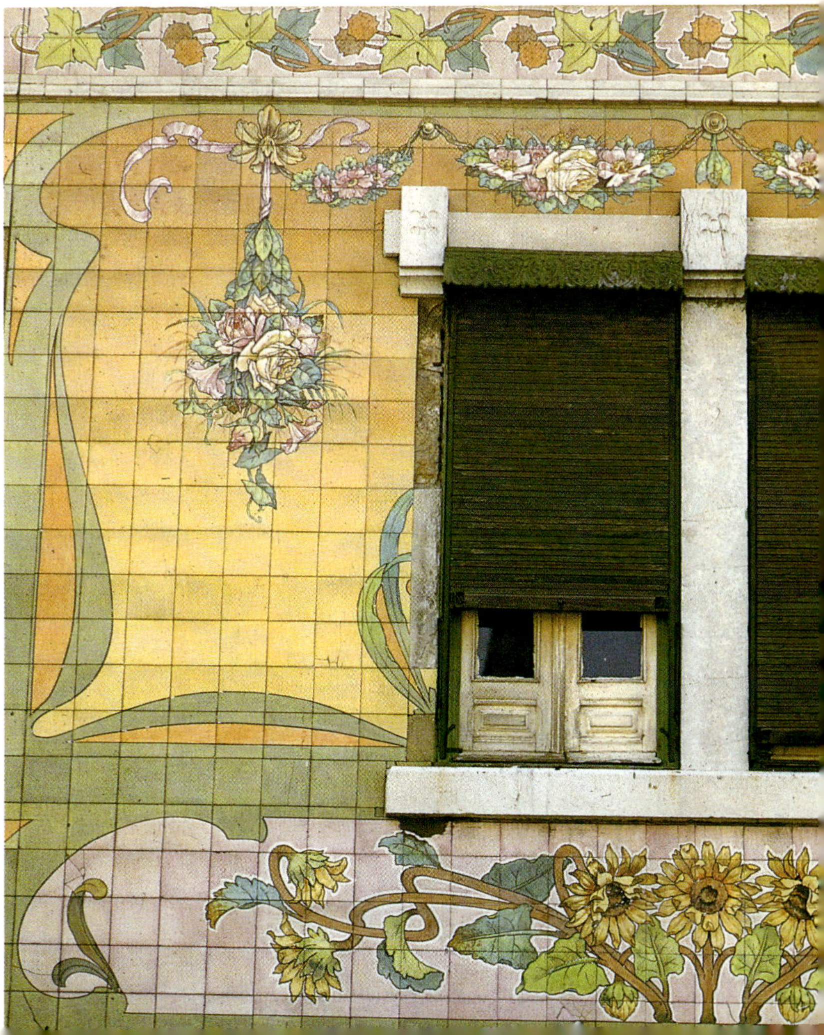

mota, mais ou menos próxima e anda por muitos livros evocado como tal. O que, porém, mais perdurou no Chiado e chegou até aos nossos dias foi a tradição, isso sim, da sua fisionomia, de descontracção ou de lazer imperceptível talvez para muitos, mas bem real para quem repare. Assim, era também no coração do Chiado que se concentravam até há pouco os abencerragens de um certo vedetismo mais involuntário, talvez, do que assumido conscientemente, um vedetismo por vezes até ingénuo, de artistas, literatos e políticos, um vedetismo anterior aos que a televisão nos impõe hoje. Havia nele, nesse vedetismo, uma certa indiferença, que não sobranceria, pelo passante anónimo. E tantas vezes, em tempos, hoje remotos, de displicência ou de amizades gratuitas, esse vedetismo servia de rampa de lançamento para os jovens talentos que as vedetas da época exibiam a seu lado. Os clubes mais famosos da área, o Turf, o Tauromáquico, o Grémio Literário ou o Círculo Eça de Queiroz, com suas diferentes características de convívio ou cultura vão procurando sobreviver às modas e aos modos, escorados precisamente na força de uma tradição que por vezes teve de ser defendida a duras penas. Enquanto o Turf e o Tauromáquico são, respectivamente, de 1862 e de 1892, o Grémio Literário é mais antigo ainda, pois a sua fundação foi em 1846 e o Círculo Eça de Queiroz, apesar de ser o mais recente (a sua fundação foi em 1940), também já é rico de história. Não têm, estes dois últimos, «janelas para o Chiado» mas fazem parte da zona: o Grémio, na Rua Ivens, mesmo a dois passos, e o Círculo no antigo Largo da Abegoaria, hoje Largo Rafael Bordalo Pinheiro, em homenagem ao artista que ali viveu e morreu. E em frente mesmo do Círculo Eça de Queiroz era o Casino Lisbonense, tão ligado à história da cultura e da política portuguesa do século XIX por via das conferências que lhe tomaram a primeira parte do nome e foram um estremeção de modernidade na Lisboa de 1871. As Conferências do Casino ficaram, na história cultural do País, como se sabe, promovidas pelo Grupo do Cenáculo, que Antero de Quental fundara. Ao Chiado

is in fact the tradition of relaxation or leisure, maybe imperceptible to many but very real to those who are alert. And so it it was also in the heart of Chiado that until a short time ago there concentrated the survivors of a stardom that was perhaps more involuntary than consciously assumed, a stardom that was sometimes even ingenuous, of artists, literati and politicians, a stardom prior to the kind that television impinges on us nowadays. In it, in that stardom, there was a certain indifference, if not disdain, towards the anonymous passerby. And so often, in now remote times of capricious aversions or friendships, that stardom served as a means for launching the young talent that the stars of the period took round with them. The most famous clubs of the zone, the Turf, the Tauromáquico, the Grémio Literário or the Círculo Eça de Queiroz, with their different atmospheres or cultures, try to survive fashions and habits, leaning precisely on the force of a tradition that at times has had to be bravely defended. While the Turf and the Tauromáquico date from 1862 and 1892, respectively, the Grémio Literário is still older, for it was founded in 1846, though the more recent Círculo Eça de Queiroz (founded in 1940) is also rich in history. The last two have no 'window on Chiado', but they form part of the zone: the Grémio, in Rua Ivens, only a stone's throw away and the Círculo in the former Largo da Abegoaria, now Largo Rafael Bordalo Pinheiro, in homage to the artist who lived and died there. And opposite the Círculo Eça de Queiroz was the Casino Lisbonense, so closely connected with the history of Portuguese culture and politics in the 19th Century, through the meetings that took the first part of its name and were a flash of modernity in the Lisbon of 1871. The 'Conferências do Casino' have gone down in the cultural history of the country and were promoted by the Cenáculo Group founded by Antero de Quental. To Chiado also belongs, on account of its nearness and the spirit of an epoch, the Restaurante Tavares, now with over 200 years of prestige, evoking for many people the famous dinners

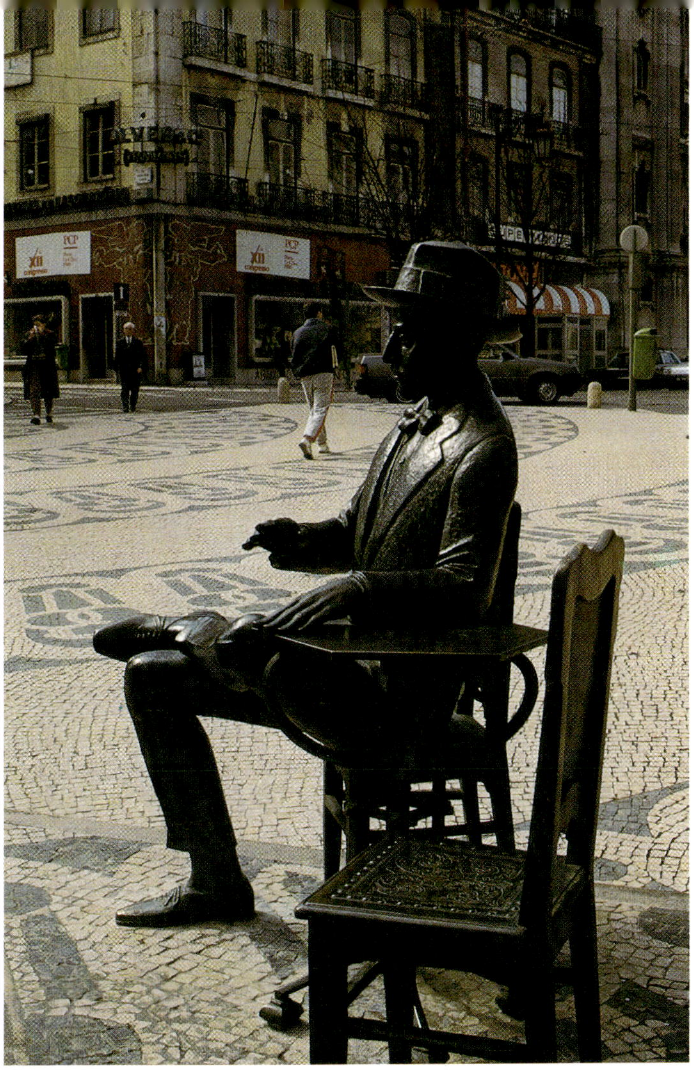

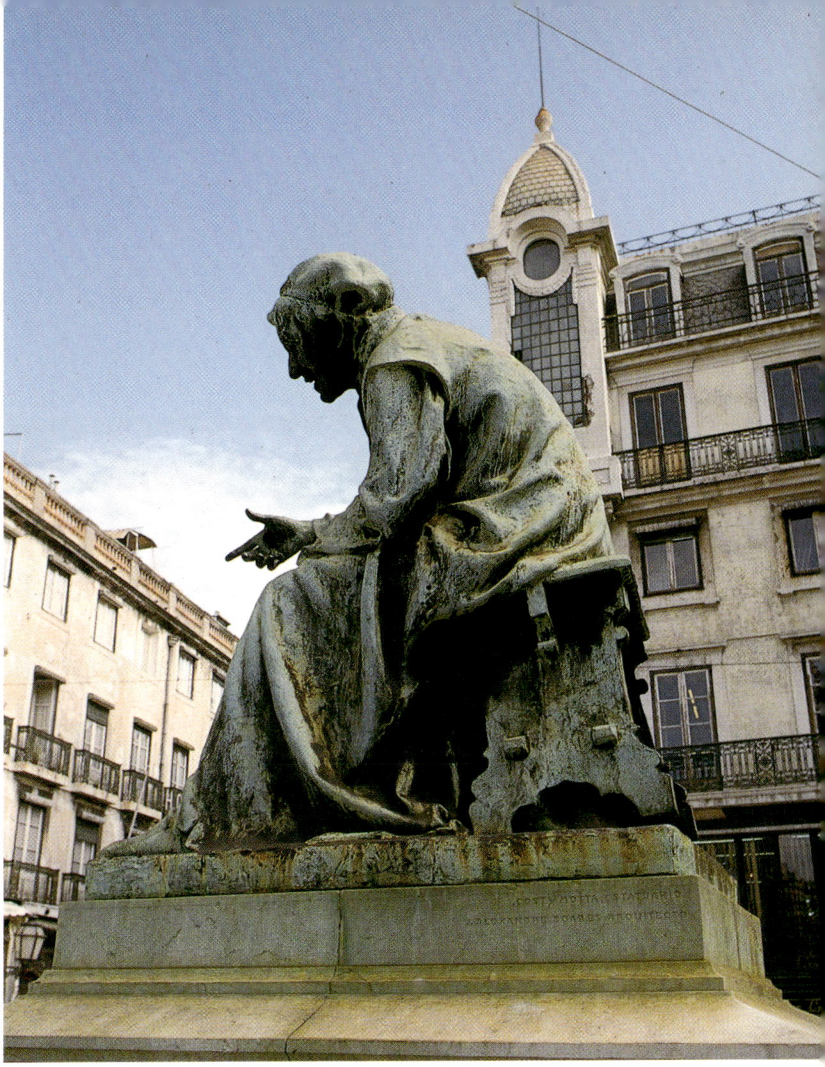

Fernando Pessoa e António Ribeiro Chiado
Fernando Pessoa and António Ribeiro Chiado

pertence também, pela vizinhança e pelo espírito de uma época, o Restaurante Tavares, que leva já — e mantém — mais de 200 anos de prestígio, evocando para muitos os famosos jantares do grupo os Vencidos da Vida, que ali reuniram na década de 80 do outro século. A proximidade das ruínas do Convento do Carmo, fundado pelo Condestável D. Nuno Álvares Pereira em 1389 como preito de gratidão pela vitória portuguesa de Aljubarrota quatro anos antes, dão à primeira vista a ideia de um esqueleto de pedra, uma advertência aos homens distraídos, da fragilidade do seu trânsito mas logo se vê que nem essas capelas absidais, nem o pórtico, nem o que resta da fachada, conseguem apagar, pelo contrário, a hierática noção de religiosidade que supera ali tudo o mais.

Toda a zona do Chiado tem sido e continuará a ser eminentemente *literária* e não apenas pela memória dos grandes artistas e escritores

of the 'Vencidos da Vida' group that met there in the eighties of the last century. The proximity of the ruins of Carmo Convent, founded by Royal Constable Dom Nuno Álvares Pereira in 1389 in token of gratitude for the Portuguese victory at Aljubarrota four years earlier, on first glance gives the ideia of a skeleton of stone, a warning to absent-minded man of the fragility of his transit, but it is soon to be seen that not even the ruined apsidal chapels and doorway or the remains of the façade manage to delete the hieratic notion that dominates everything else, and in fact they enhance it.

The whole zone of Chiado has been, and will continue to be eminently literary, and not only through the memory of the great artists and writers that form part of its local history or have helped to make it or continue it, connected as they were to it by frequenting it or by their work. It was the proximity of the statue

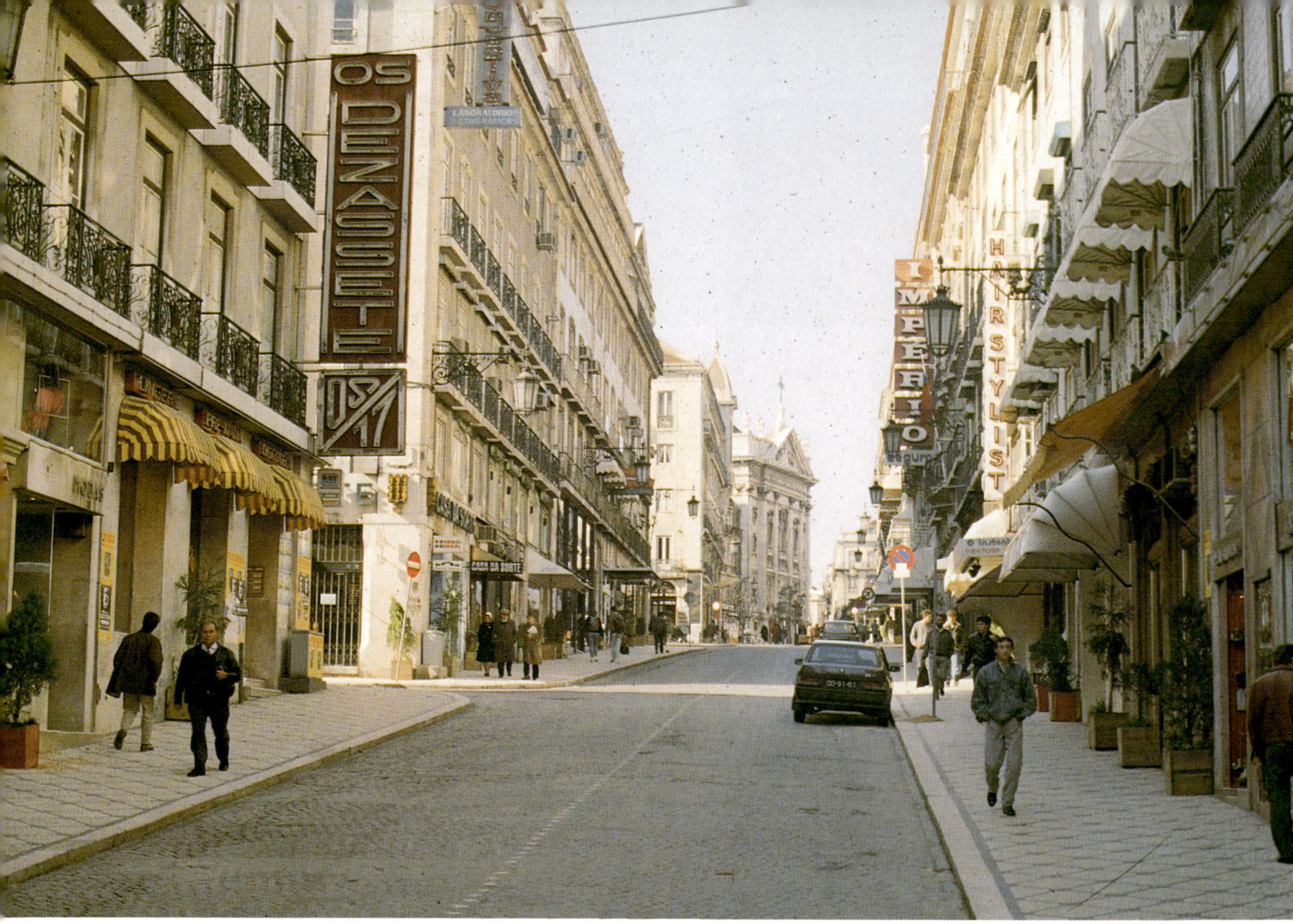

A Rua Garrett, no Chiado
Rua Garrett, in Chiado

que fazem parte da sua história local ou contribuíram para fazê-la ou continuá-la, a ela ligados pela vivência ou pela obra. Bastaria a proximidade da estátua a Luís de Camões, na praça de seu nome e, mais abaixo, no Largo do Barão de Quintela a de Eça de Queiroz, que fez daquele bairro do Chiado, Loreto e cercanias, personagem dos seus romances. E não terá sido de algum modo o realismo literário queiroziano que paradoxalmente criou nas gerações seguintes à sua, e até hoje, um certo romantismo do Chiado? A proximidade material dos monumentos, tão diversos quanto eles foram uns dos outros, de Camões, Eça de Queiroz e Fernando Pessoa, não será assim, como se costuma dizer, pura coincidência.

Justifica-se nesta resenha lisboeta destacarmos o Chiado por tudo quanto ele representou durante séculos na história da capital e também, de certo modo, pela significação de es-

of Luís de Camões in the square named after him and, further down, in Largo Barão de Quintela the statue of Eça de Queiroz, which made that zone of Chiado, Loreto and round there the personage of their romances. And was it not in some way the literary realism of Eça de Queiroz which, paradoxically, created in the generations that followed him, and even until today, a certain Chiado romanticism? The material proximity of the monuments, as different as Camões, Eça de Queiroz and Fernando Pessoa themselves, has not been, as it is customary to say, pure coincidence.

There is a justification for dwelling, in this review of Lisbon, on Chiado because of all that it has represented for centuries in the history of the Capital and also, to a certain extent, owing to the significance of social strata which, even though today they are no more — or are transformed or merely muted

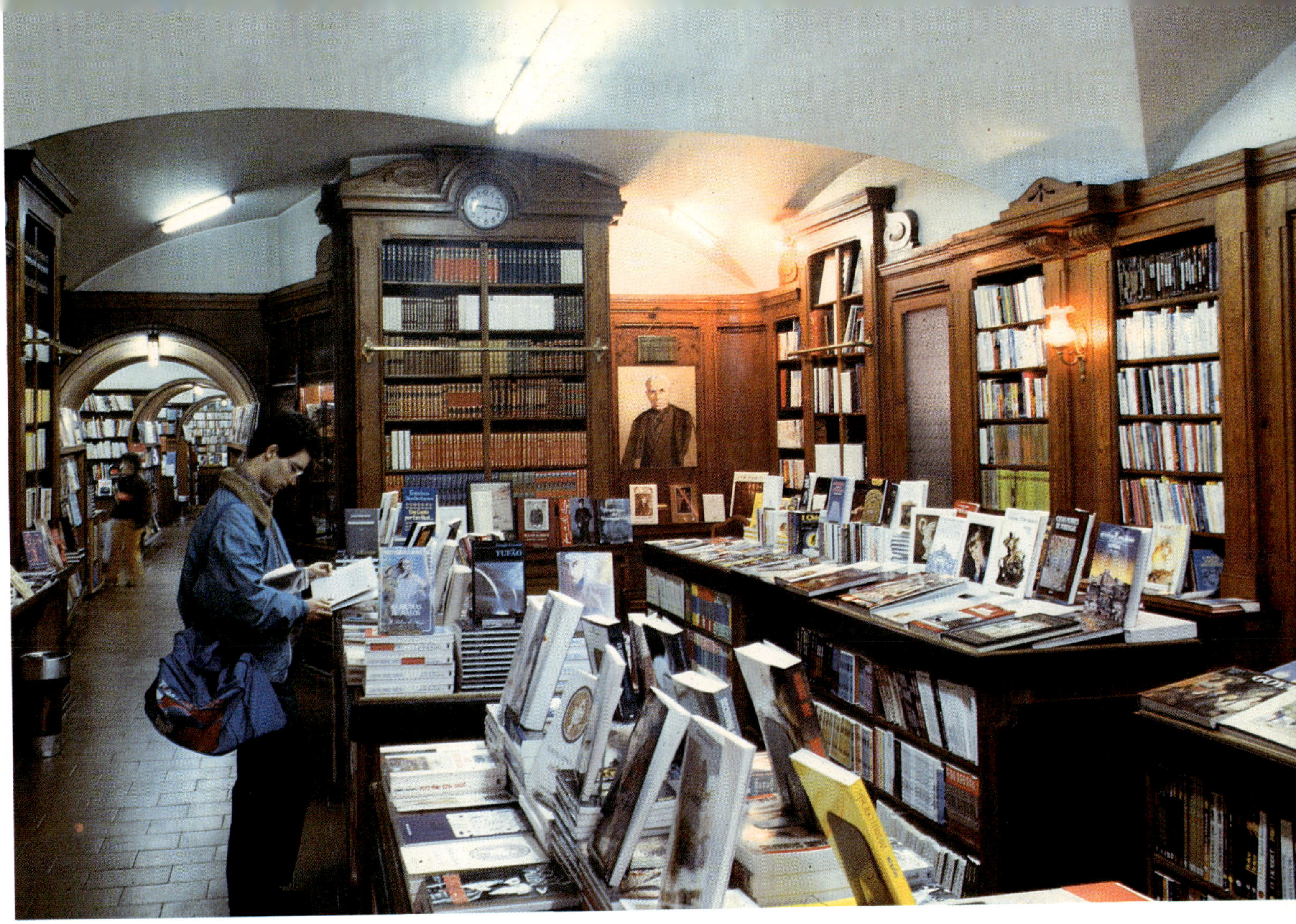

A Livraria Bertrand está instalada no Chiado desde o século XVIII
Bertrand's bookshop has been in Chiado since the 18th Century

tratos sociais que mesmo se desaparecidos hoje, ou transformados, ou apenas apagados, faziam parte de uma certa vivência, individual ou colectiva, que haveria de marcar o bairro, alargar o que fora alcunha de obscuro cidadão ou rótulo impreciso de poeta satírico, ambos, afinal do século XVI, a outros espaços limítrofes e a séculos, esses, já distantes de ambos. Com o incêndio que em Agosto de 1988 destruiu uma parte da zona viu-se que para muita gente e de muitos países o Chiado era mais do que o Chiado, mais do que uma rua, mais do que um bairro, era, afinal, como que uma espécie de pequena cidade encantada dentro da cidade maior. Faz, ou fazia, parte integrante do imaginário lisboeta. Escritores e poetas nacionais e estrangeiros foram-lhe sensíveis e também os simples curiosos de minudências históricas. E políticos. Sabe-se quanto no Brasil o Chiado é como que uma personagem

— once formed part of a certain individual or collective existence that was to mark the zone, amplifying what had been the nickname of an obscure citizen or imprecise label of satirical poet, both of whom, in fact, from the 16th Century, to other neighbouring spaces and centuries and both of which are now distant from those two figures. With the fire that in August 1988 destroyed part of the zone, it was seen that for many people and many countries, Chiado was something more than just Chiado, more than a street, more than a quarter of the town; it was, in fact, a kind of little enchanted town within the larger town. It is, or was an integral part of the Lisbon image and foreign writers and poets were sensitive to it, as were those who were merely curious about historical details. And politicians. It is known how, in Brazil, Chiado is a kind of personage in the historical, but live face of

constante da face, histórica mas viva, de Lisboa. Na década de 50, o presidente Kubitschek quis ir ao café da Brasileira e ali assinou o nome no tampo de mármore de uma das mesas — e em Outubro de 1988, dois meses depois do incêndio, o presidente José Sarney, de regresso ao seu país vindo da União Soviética, fez questão de ir propositadamente ao Chiado como que cumprindo a obra de misericórdia de visitar os doentes. Viu com os seus olhos, assim, as ruínas da rua mais tradicional de uma certa Lisboa e também de um certo clima de vida e do tal imaginário lisboeta que corre o risco de vir a ser para sempre, neste caso, *realmente* imaginário.

No século XVI, Lisboa ainda se fechava na pequena concha que a muralha fernandina limitava mas antes do seu final o aproveitamento da zona do Bairro Alto, veio alargá-la. Neste ponto, como é inevitável, há discordâncias, quanto a datas. Júlio de Castilho, sempre forçoso de consultar, liga estreitamente à acção da Companhia de Jesus, instalada na Ermida de S. Roque em 1553, construída para recolher as relíquias do Santo, oferecidas pela Senhoria de Veneza a D. Manuel I por ocasião da peste grande: «Com os progressos da Companhia, com a fama das suas virtudes, com a crescente afluência de gente às suas festas e sermões, entrou a nobilitar-se aquele campo deserto...» Daí para diante foi o desenvolvimento; hoje ele seria normal, não o foi, porém, na altura, pois a família de Nicolau Altero de Andrada e de Bartolomeu de Andrada, que já começara a aforar terrenos para construções próprias, não o promoveu ao acaso. A Vila Nova de Andrada, assim chamada para se distinguir da outra, a de intramuros, parece ter, já na altura, obedecido a um plano: «Houve plano e não foi o acaso quem o delineou, o acaso que assim se chamava o arquitecto moirisco da Lisboa Velha. Admira-se uma grelha quase simétrica de

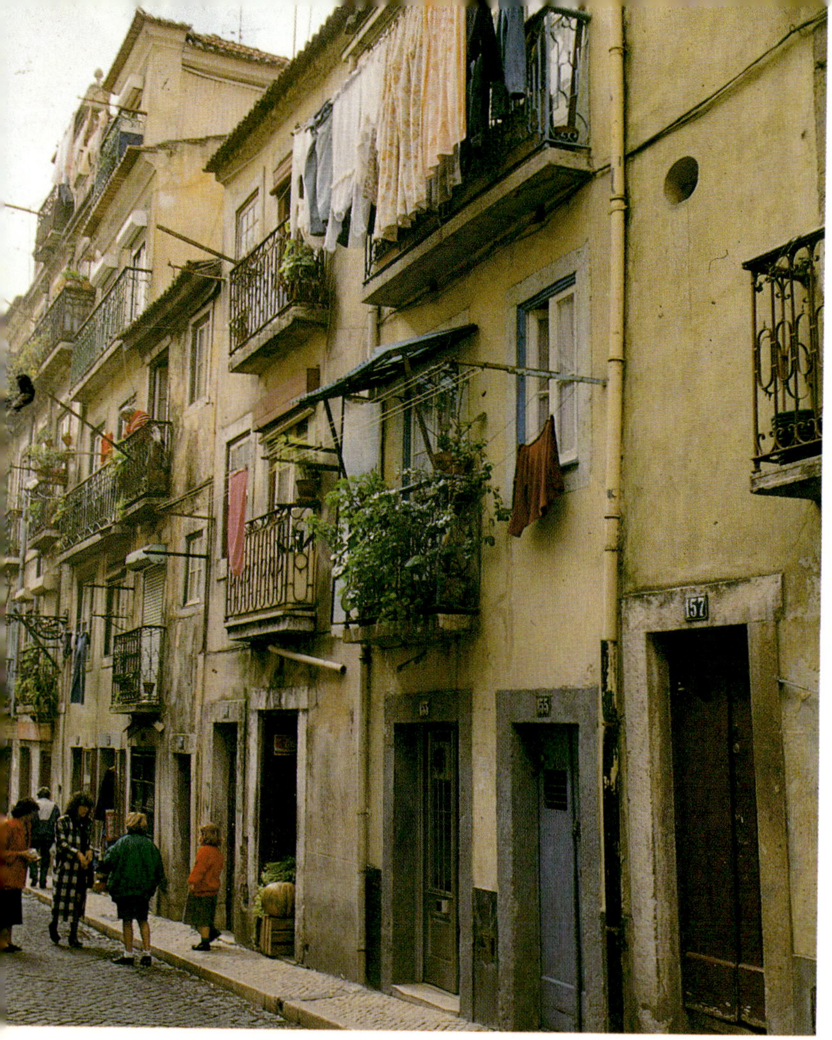

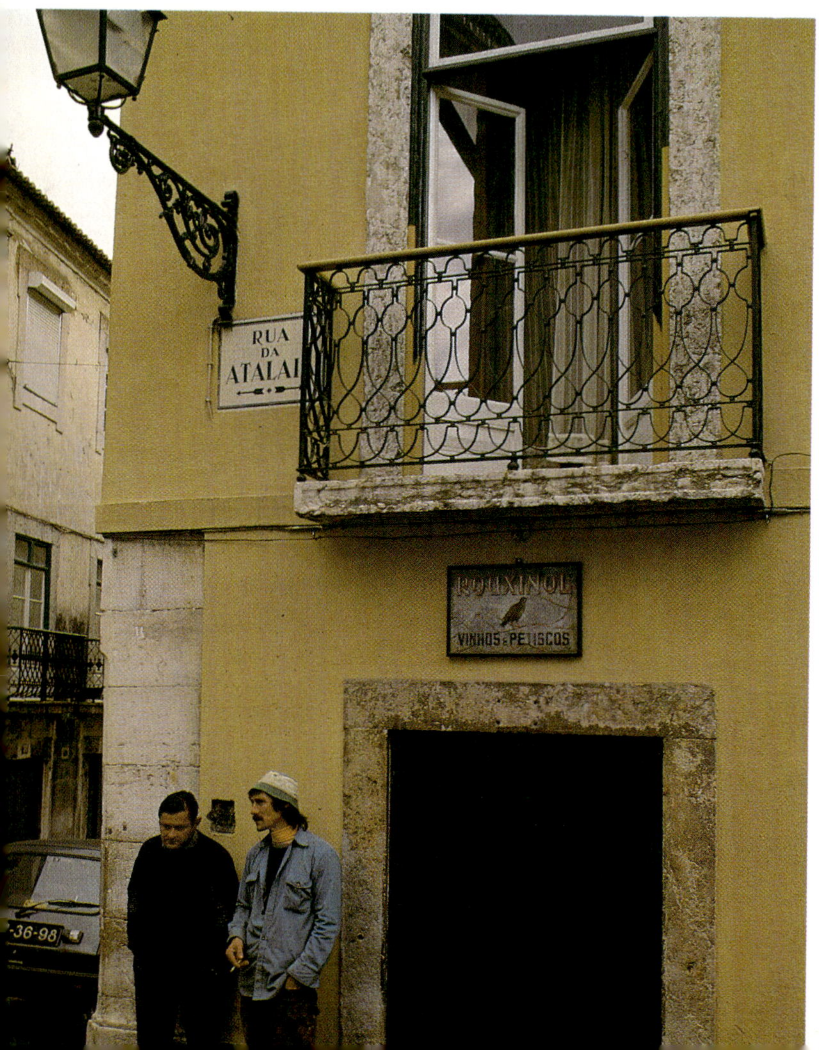

Nas estreitas ruas do Bairro Alto ainda perduram as típicas tasquinhas
Little taverns ne still to be seen in the narrow streets of the Bairro Alto

Lisbon. In the fifties, President Kubitschek made a point of going to the Café Brasileira, where he signed his name on the marble top of a table, and in October 1988, two months after the fire, President José Sarney of Brazil, on his way home from the Soviet Union, went on purpose to Chiado like one fulfilling his charitable duty of visiting the sick. He thus saw with his own eyes the ruins of the most traditional street of a certain Lisbon, and also of a certain tenor of life, and of that imagery of Lisbon that runs the risk of becoming for ever, in this case, imaginary.
In the 16th Century Lisbon was still enclosed in the little hollow bounded by the walls of King Fernando, but before the end of that century it was enlarged by developing the zone of the Bairro Alto. On this point, inevitably, there is disagreement. Júlio de Castilho, who must always be consulted, makes a direct connection with the action of the Company of Jesus, installed in the Chapel of São Roque in 1553 that was built to receive the relics of the Saint donated by the Doge of Venice to Dom Manuel I on the occasion of the plague. «With the progress of the Company, with the fame of its virtues, with the growing stream of people to its festivals and sermons, it turned to the ennobling of that deserted field...» From that time there was development, something that nowadays would be quite normal, but it was not so at the time. For the family of Nicolau Altero de Andrada and Bartolomeu de Andrada, who had already begun to rent land for their own construction works, did not promote it by chance. Vila Nova de Andrada, so called to distinguish it from the other vila within the walls, seems even at that time to have complied with a plan. «There was a plan and it was not mere chance that delineated it, that chance which was the name of the Moorish architect of Old Lisbon. It is surprising to find

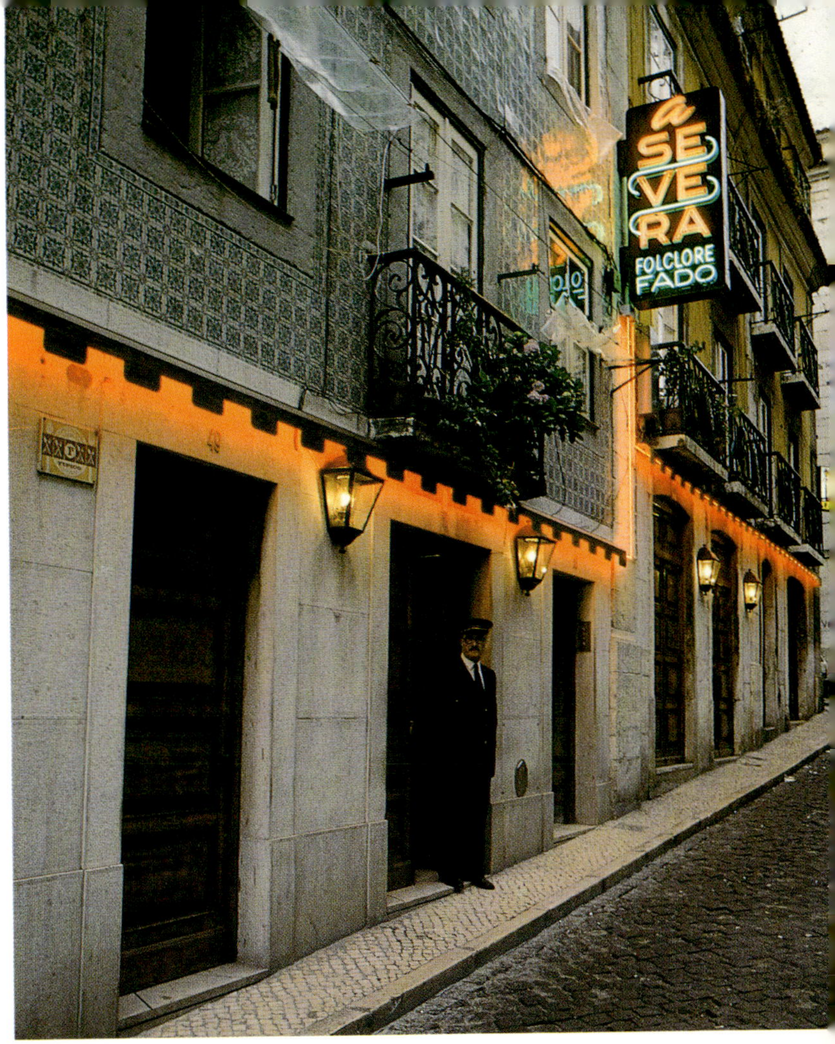

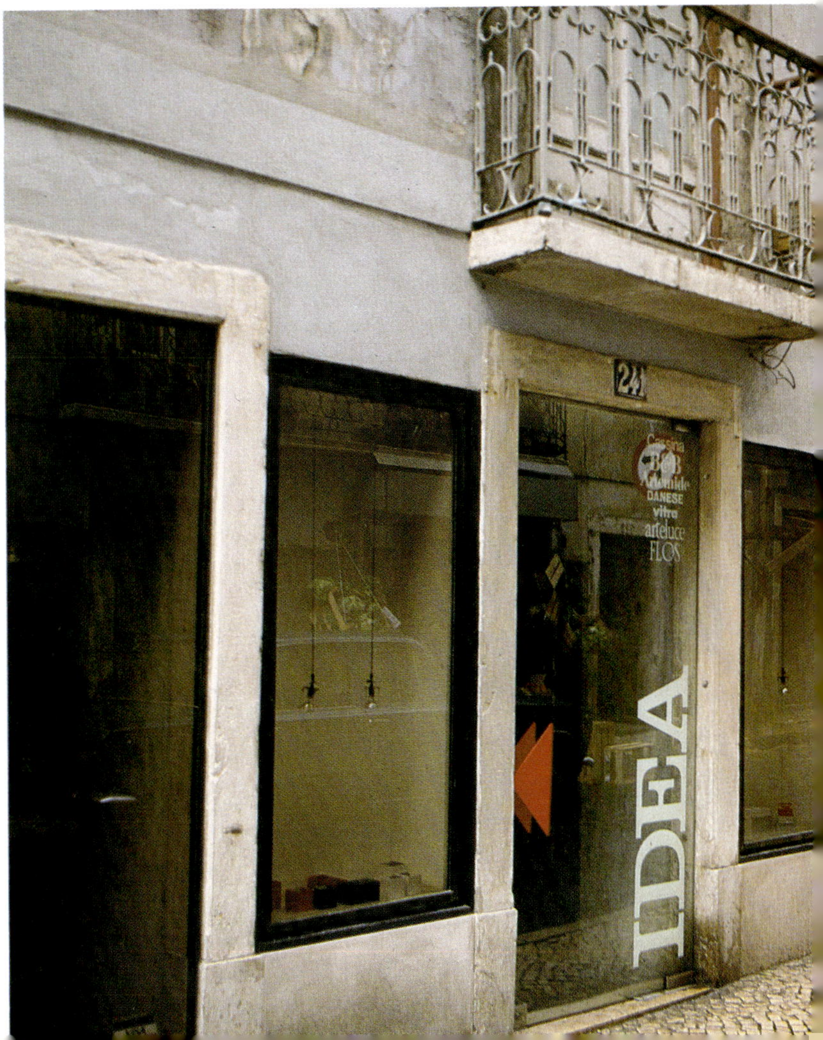

O fado habita o Bairro Alto há muitos anos. Mais recentes são as lojas elegantes
The fado has been at home in the Bairro Alto for many years. More recent are the smart shops

formosas ruas cruzadas em ângulos rectos. Ali já há progresso palpável, ordem, sistema, que é o segredo das obras grandes.» E Júlio de Castilho defende a tese dum pioneirismo que haveria de ser retomada mais tarde por estudiosos de Lisboa: «Já alvorece o rigor pombalino da nossa Baixa de hoje...» E ainda: «Houve lugar para todos. A Quinta dos Andradas era grande e segundo se vê hospitaleira. Por devoção e por elegância muitos nomes primaciais ali edificaram os seus solares.» E cita Baltazar Teles: «É este Bairro se não o mais frequentado, ao menos o mais gabado, as casarias mui nobres, a obra de arquitectura romana e de traça moderna, o sítio, o mais alto da cidade, o mais descoberto ao norte, o mais lavado dos ventos, o mais purificado nos ares...» Parece, ainda segundo o historiador de Lisboa, que muito naturalmente o novo bairro destronaria os de Alfama e Mouraria que «ficaram sendo o passado cavaleiroso» e acrescenta que «Villa Nova constituiu-se fidalga logo ao nascer mas fidalga de paz, lavradora repousada e senhoril». Não seria sempre assim, como se sabe. Entretanto, num curioso trabalho editado em 1929 sobre as origens do Bairro Alto, Mário Saa, utiliza numerosa documentação por ele localizada para fixar a data da fundação da Vila Nova d'Andrada exactamente em 15 de Março de 1513, «por corresponder à data da escritura tabeleónica que iria desde logo iniciar aforamentos para construções de casas». E também ele regista e documenta: «E a povoação aristocrática cresceu; e já por entre as alas dos palácios corriam liteiras de fidalgos, piões e cavaleiros, besteiros, escravos da Guiné, escravos da Índia. Agora é a nobre Alfama a despovoar-se, abandonada a um vulgo sórdido e desmantelado e os nobres acorrendo às limpas ruas da cavalheiresca Vila Nova de Andrada.» O Bairro Alto deixara de ser arredor de Lisboa, fazia parte da cidade. Com o tempo, a sua tradição aristocrática não se perderia totalmente, ali viveu no século XVII a infanta D. Catarina, que viria a ser rainha de Inglaterra, e mais tarde, também, os filhos do rei D. João V.

À medida que a capital cresceria noutros

an almost symmetrical network of lovely streets crossing one another at right angles.» And Júlio de Castilho defends the thesis of a pioneer work that was later to be taken up again by Lisbon historians. «There already appear signs of the Pombaline precision of our present-day Baixa.» And later: «There was room for everyone. The estate of the Andradas was large and, as we see, hospitable. Out of devotion and elegance many leading families erected their mansions there». And he quotes Baltazar Teles: «This quarter, if not the most frequented, is at least the most highly praised, the houses most noble, the work of architecture Roman and on modern lines, the location, the highest in the town, the most exposed to the north, the most washed by the winds, the most purified by the air...» It seems, also according to the historian, that the new quarter usurped those of Alfama and Mouraria which «were relegated to the chivalrous past» and adds that «Villa Nova was of noble constitution as soon as it was born, but noble in peace, quiet husbandry and aristocratic». Is was not always to be like that, as we know. Mario Saa, however, in an interesting work published in 1929 on the origins of the Bairro Alto, makes use of a great documentation found by him in order to fix the date of the foundation of the Vila Nova d'Andrada exactly on 15th March 1513, «since this corresponds to the date of the notarial deed that was henceforward to initiate leases for building houses». And he also records and documents: «And the aristocratic village grew: and between the wings of the palaces ran the litters of nobles, foot and mounted soldiers, crossbowmen, slaves from Guinea, slaves from India. Now it is the noble Alfama that is being depopulated, abandoned to a sordid, ragged crowd, with the nobles hastening to the clean streets of the aristocratic Vila Nova de Andrada». The Bairro Alto had ceased to be an outskirt of Lisbon, it formed part of the town. With the passage of time its aristocratic tradition was not wholly lost; in the 17th Century the Infanta Dona Catarina lived there (later to be Queen of England), and later also the sons of Dom João V.

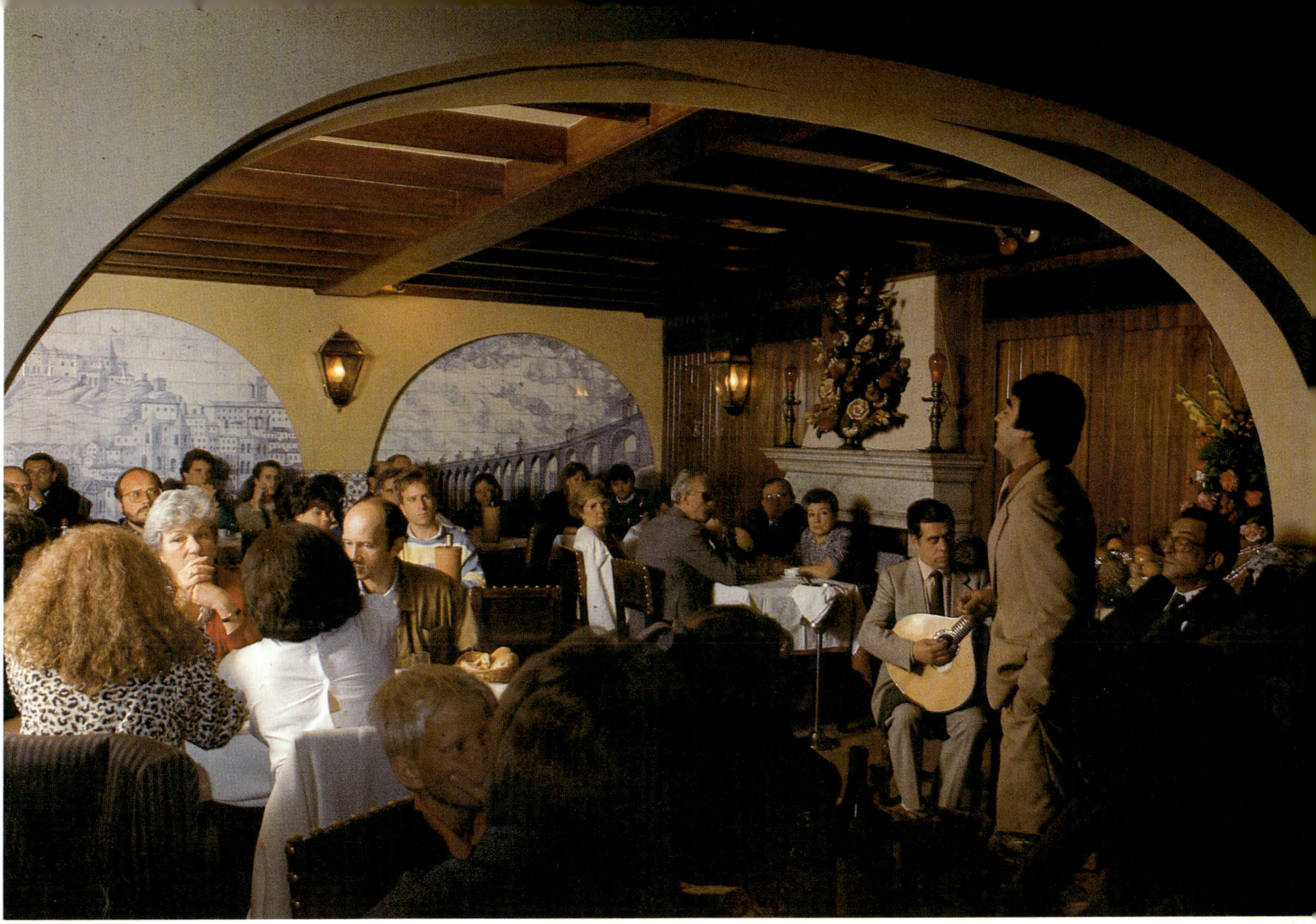

Não há noite sem fado no Bairro Alto
No evening in the Bairro Alto is complete without the strains of the fado

sentidos e muitos descendentes dos seus habitantes iniciais se deslocariam em busca de novos bairros, já mais lavados, pois aquele se iria tornando superpovoado, o Bairro Alto viria a herdar os mesmos defeitos dos seus antecessores, Alfama e Mouraria, e num dado momento era uma zona como que infectada de estúrdia ou profissões suspeitas. No entanto, alguns dos seus mais respeitáveis palácios ficaram na posse dos proprietários de sempre e nunca as velhas famílias tradicionais foram incomodadas pelas más vizinhanças. Do mesmo modo, nem motins, nem revoluções, nem quaisquer transformações sociais repercutiram no sossego de vidas patriarcais de fundas raízes na área. O Bairro Alto é hoje uma atracção turística, com restaurantes e *boîtes* sofisticadas, e até o fado, que há pouco mais de um século saía de velhas casas pobres ou tabernas imundas, tornou-se ali, afinal, um rentável in-

As the Capital grew in other directions and many descendants of its original inhabitants moved in search of cleaner zones, for that quarter was becoming overcrowded, the Bairro Alto came to inherit the same defects as its predecesssors, Alfama and the Mouraria, and at a certain time it was a zone that was somewhat infected with dissipation or suspect professions. Nevertheless, some of its most respectable mansions remained in the hands of those who had always owned them, and the old traditional families were never bothered by the bad neighbourhood. In the same way, disturbances, revolutions or social changes never had any repercussions on the peaceful existence of patriarchal families with deep roots in the area. Nowadays the Bairro Alto is a tourist attraction, with sophisticated restaurants and even fados*, which little more than a century ago were sung in poor old houses or filthy ta-*

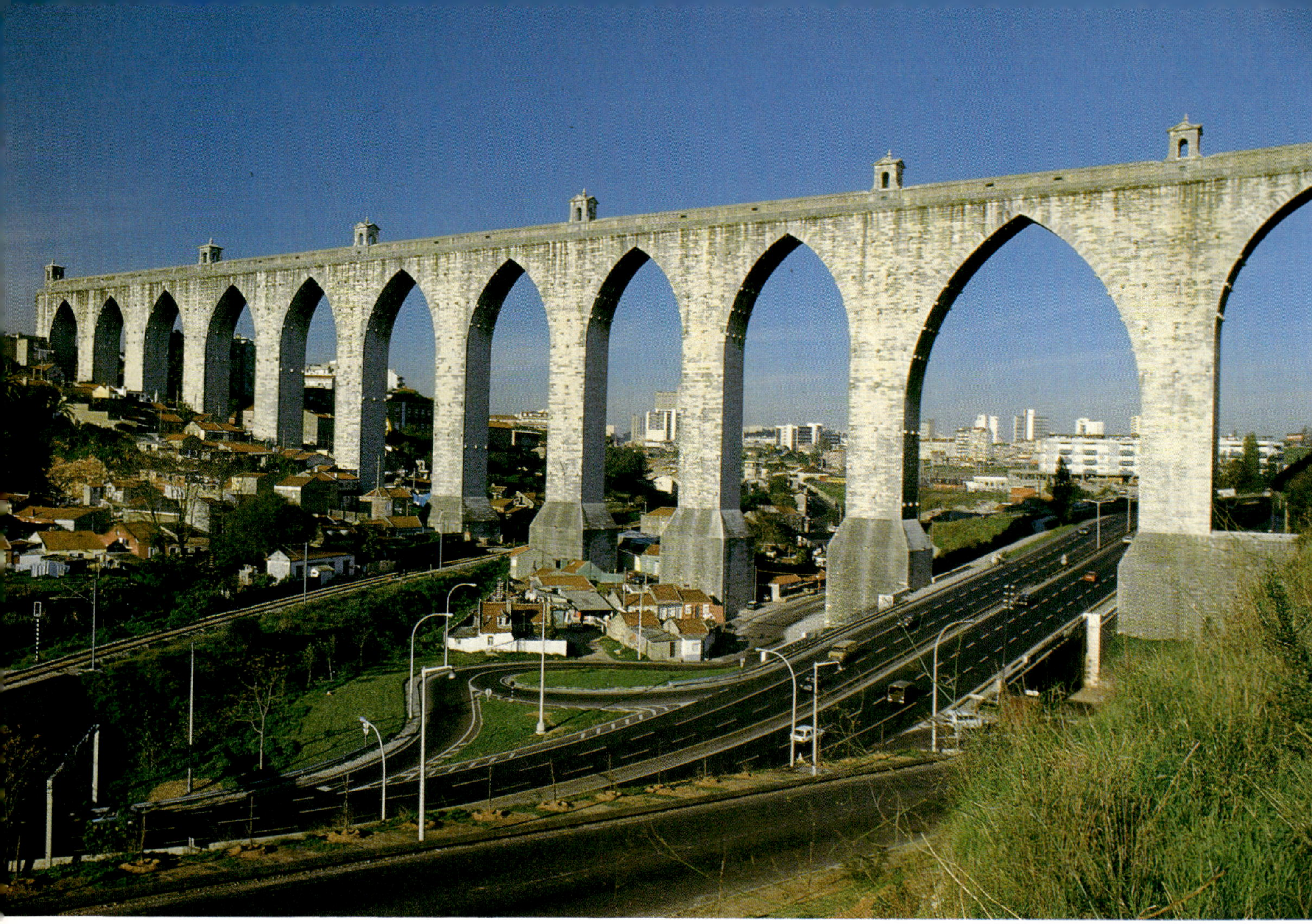

O Aqueduto das Águas Livres, imponente construção setecentista
Águas Livres Aqueduct, an imposing 18th Century work

vestimento de empresários. Só algumas ruas mantêm os nomes da origem: Rua da Rosa, Rua da Vinha, Rua Nova do Loureiro, Rua do Poço da Cidade, mais para baixo a Rua da Horta Seca, ou perto da Patriarcal a Rua das Parreiras, do Jasmim, até à Praça das Flores, sereno recanto aberto de bairro residencial ainda até há 30 ou 40 anos e hoje descaracterizada com seus tristes muretes de cimento.

Nos outeiros que fazem, por assim dizer, a coroa da velha cidade outros bairros foram nascendo — as Amoreiras, onde funcionavam pequenas fábricas de sedas, de relógios e de pentes, uma limitada zona fabril que o Marquês de Pombal (a seu modo um tecnocrata da época) visionou. Se na zona do Rato já existia no século XVII o Mosteiro das Freiras Trinitárias, este bairro deve o seu desenvolvimento ao terramoto que o poupou. A Rua das Amoreiras com o seu arco dórico, o último do

verns, have there, in fact, become a profitable investment of entrepreneurs. Only some of the streets retain their original names: Rua da Rosa, Rua da Vinha, Rua Nova do Loureiro, Rua do Poço da Cidade anda, lower down, Rua da Horta Seca or, near the Archbishop's Palace, Rua das Parreiras, Rua do Jasmim or even Praça das Flores, a quiet little space in a residential district until 30 ou 40 years ago but now spoilt with its sad little cement walls.

On the hills that form, as it were, the crown of the old town, other quarters were born: Amoreiras, for example, where once there were little businesses making silk, clocks and combs, a limited factory zone conceived by the Marquis of Pombal, who was a sort of technocrat of the period. Though in the zone of Largo do Rato there had already existed the Trinitarian Monastery, Amoreiras owes its development to the 1755 earthquake that

Aqueduto das Águas Livres, mantém ainda hoje, junto ao cuidado jardim e à capelinha de Nossa Senhora de Monserrate, a sua fisionomia tradicional. O Aqueduto das Águas Livres é uma construção de grande porte — no conjunto perto de 19 quilómetros — e que levou outros tantos anos a erguer, uma espécie de ex-líbris de Lisboa, motivo histórico de pinturas e gravuras. Quando em 1940 se rasgou a primeira auto-estrada, a que liga Lisboa à Marginal em Caxias, e se plantou na erma serra de Monsanto a mata que em poucos anos se transformou num dos logradouros da capital, viu-se que o aqueduto só ficou valorizado por essa veia cinzenta por onde correm milhares de carros por dia. Mais tarde, em 1986, o controverso edifício do centro comercial que leva o nome do bairro veio ameaçar de novo a se-

spared it. Rua das Amoreiras with its Doric arch (the last arch of the Águas Livres Aqueduct) even today, next to the carefully tended garden and the little Chapel of Nossa Senhora de Monserrate, retains its traditional physiognomy. The Águas Livres Aqueduct is an imense construction — in all it is nearly 19 kilometres long — and it took as many years to build. It is a kind of ex-libris of Lisbon, historical motif of paintings and prints. when in 1940 the first motorway was built, linking Lisbon to the coast road at Caxias, and the barren Serra de Monsanto was planted with trees, to become in a few years one of the public parks of the Capital, it was found that the Aqueduct was enhanced by that grey band of asphalt that carries thousands of cars every day. Later, in 1986, the controversial building of the Amoreiras Shopping Centre presented a new threat to the severe lines of the 35 arches passing over the Alcântara Valley.

Will those contrasts of three centuries —

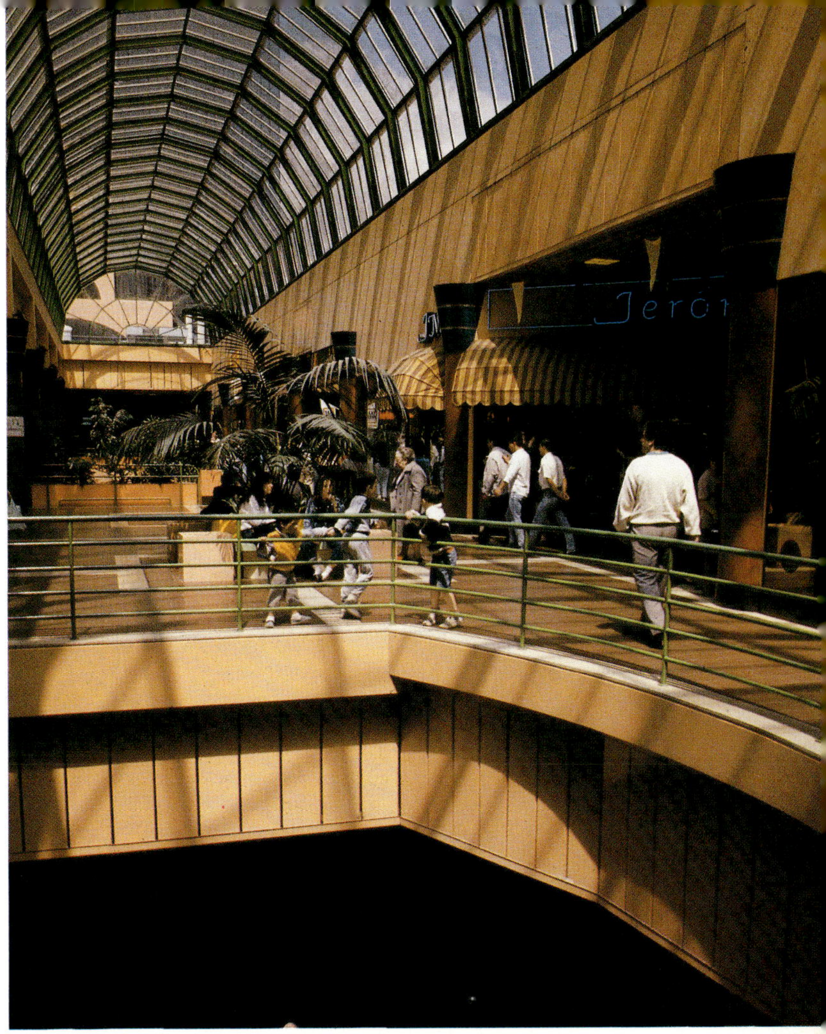

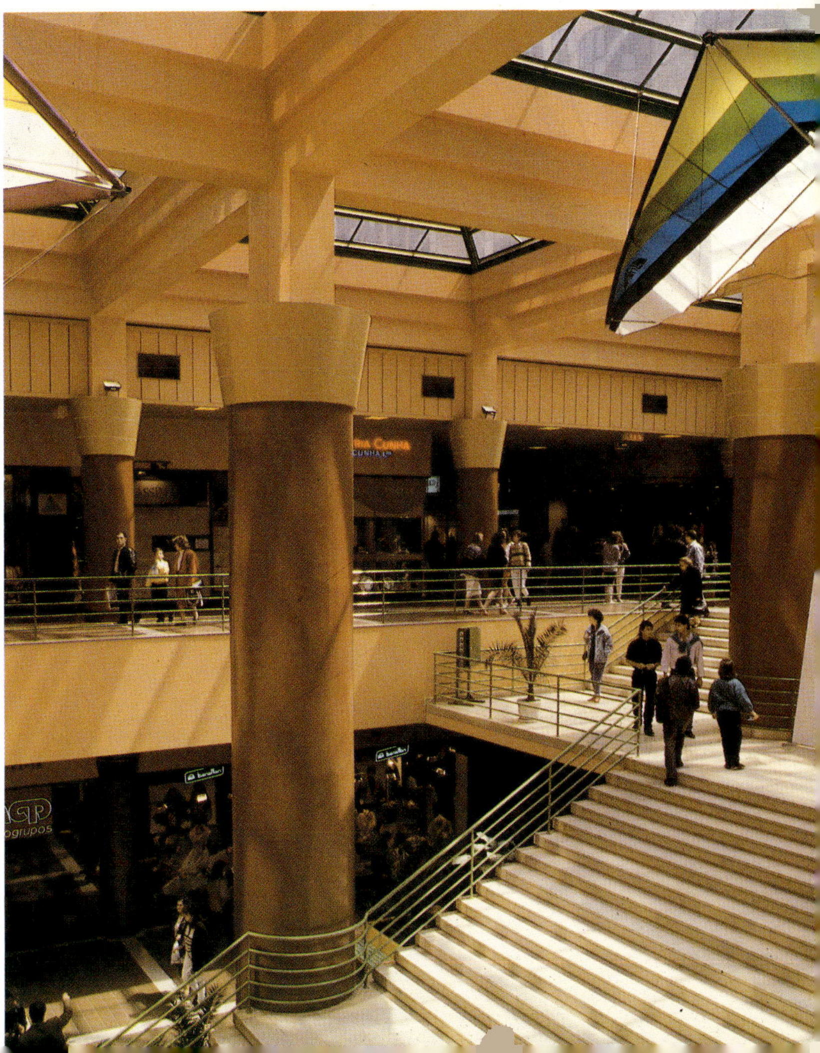

O Centro Comercial das Amoreiras é o maior e o mais elegante de Lisboa

Amoreiras Shopping Centre is the biggest and smartest in Lisbon

veridade e a estética dos 35 arcos que passam sobre o Vale de Alcântara.

Harmonizar-se-ão um dia, ao menos na habituação visual do Lisboeta e até na dos que forem chegando depois, esses contrastes de três séculos, o equilibrado aqueduto, a útil auto-estrada e o exótico centro comercial? Cremos que sim, pois que também aí, nessa encruzilhada da história e dos gostos, mais uma vez Lisboa pode demonstrar a sua displicência. Na verdade, ela não usa tomar-se muito a sério e gosta de ser assim mesmo, receptiva a todas as experiências mesmo quando admite que terá de enfrentar com filosofia as frustrações consequentes. E talvez que seja também este um dos seus encantos.

É fácil amar Lisboa, mas o amor verdadeiro pode também ser crítico e por isso muitos dos que mais a amam se queixam, por vezes, de não serem tantos os seus jardins como seria desejável, até para respiração da cidade. Decerto,

Aqueduct, Motorway, Shopping Centre — one day be reconciled, at least in the visual habituation of the Lisboeta? I think they will, for here too, at this meeting point of history and tastes, Lisbon once again shows its indifference. the fact is, this City is not in the habit of taking itself very seriously and likes to be receptive to all experiments even when it accepts that it will philosophically have to face the consequent frustrations. And perhaps this, too, is one of its enchantments.

It is easy to fall in love with Lisbon, but true love can also be critical, and many of those who love it best sometimes complain that it does not have as many gardens as it should, also to act as lungs of the city. Certainly Lisbon could have had more green spaces if its historical townplanning process had not been due, as we have seen, first of all to circumstantial factors, natural phenomena (earthquakes, for example) and also to economic conditio-

O jardim e o lago do Campo Grande
Campo Grande garden and lake

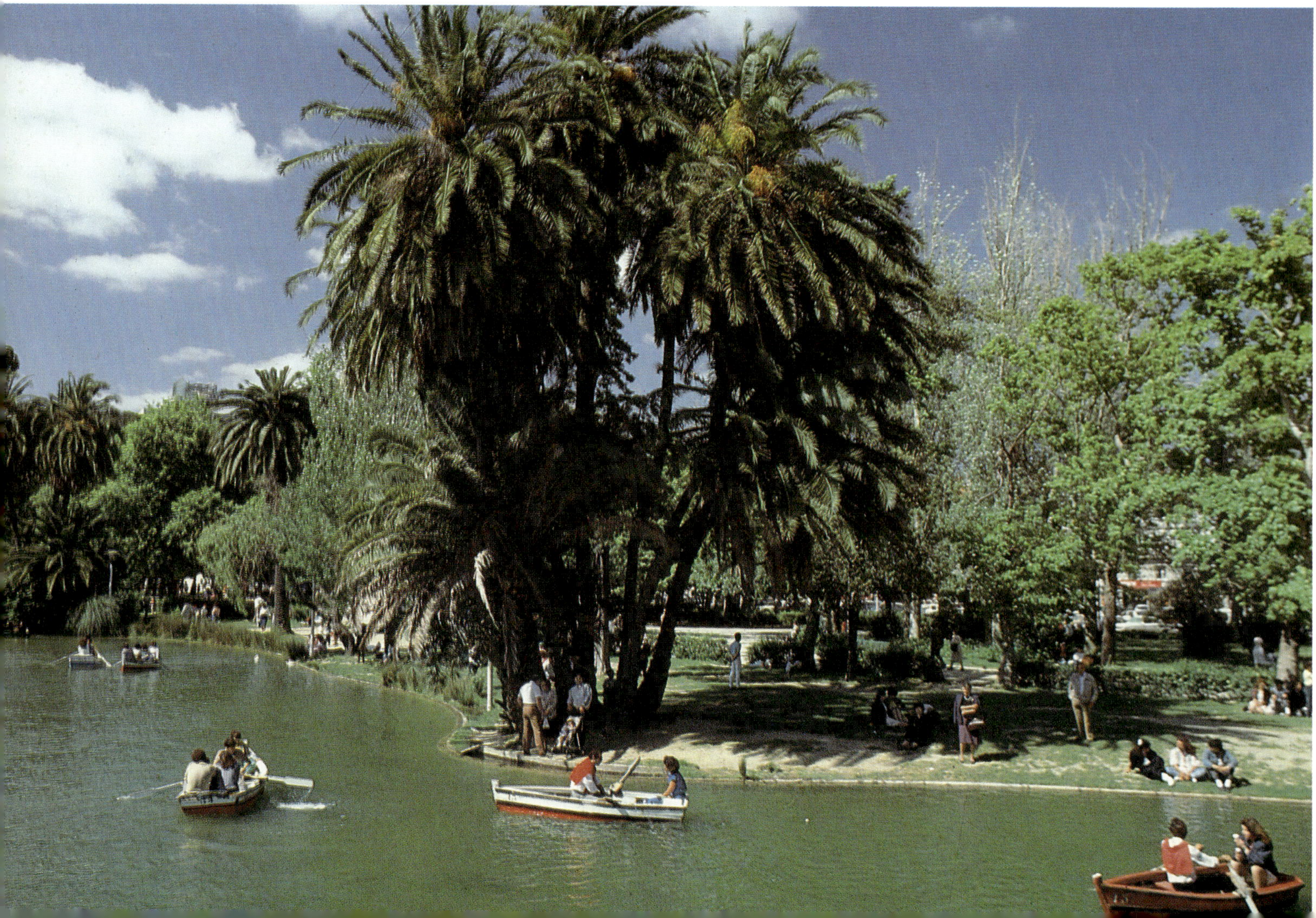

Lisboa poderia ter mais espaços verdes se o seu processo histórico de urbanização não se tivesse ficado a dever, como vimos, primeiro a factores de circunstâncias, fenómenos naturais — sismos, por exemplo — e também aos condicionalismos económicos e simultaneamente ao crescimento demográfico que foi, por assim dizer, «atirando» Lisboa para longe do centro tradicional que era a Baixa pombalina, na generalidade sem critérios sistematizados de planeamento urbanístico-social que só a partir da década de 40 praticamente se iniciaram e sem preocupações ecológicas, que são recentes. E, no entanto, não é exacta essa ideia da escassez de espaços verdes na capital. Desde logo, quem aqui desembarca fica preso às sucessivas imagens da sua policromia. Com ela se deslumbra, se chega por mar, antes mesmo de o navio atracar e o olhar se desdobra pelas colinas, no contraste dos bairros encostados uns aos outros e logo nota os salpicos, insólitos no

ning factors and the same time to the demographic growth which little by little 'shot' Lisbon out far away from the traditional centre, the Baixa designed by Pombal, generally without any systematic criteria as regards urban-social planning — something that virtually began only from the forties, when there did not exist any of the ecological preoccupations of recent years. But is must be said that the idea of a lack of green zones is incorrect. For a start, anyone landing from a ship is struck by the successive images of its polychromy. It is a delight, if one comes by sea, even before the ship ties up, and as one gazes over the hills, to see the contrast of the quarters of the town next to one another, and one soon notices the splashes of small gardens or little squares shaded by trees, which stand out in the urban ensemble. And if one arrives by plane, as it comes in to land there rises toward the traveller the joy of a city of colour, a contrast to the

O Parque Eduardo VII
Eduardo VII Park

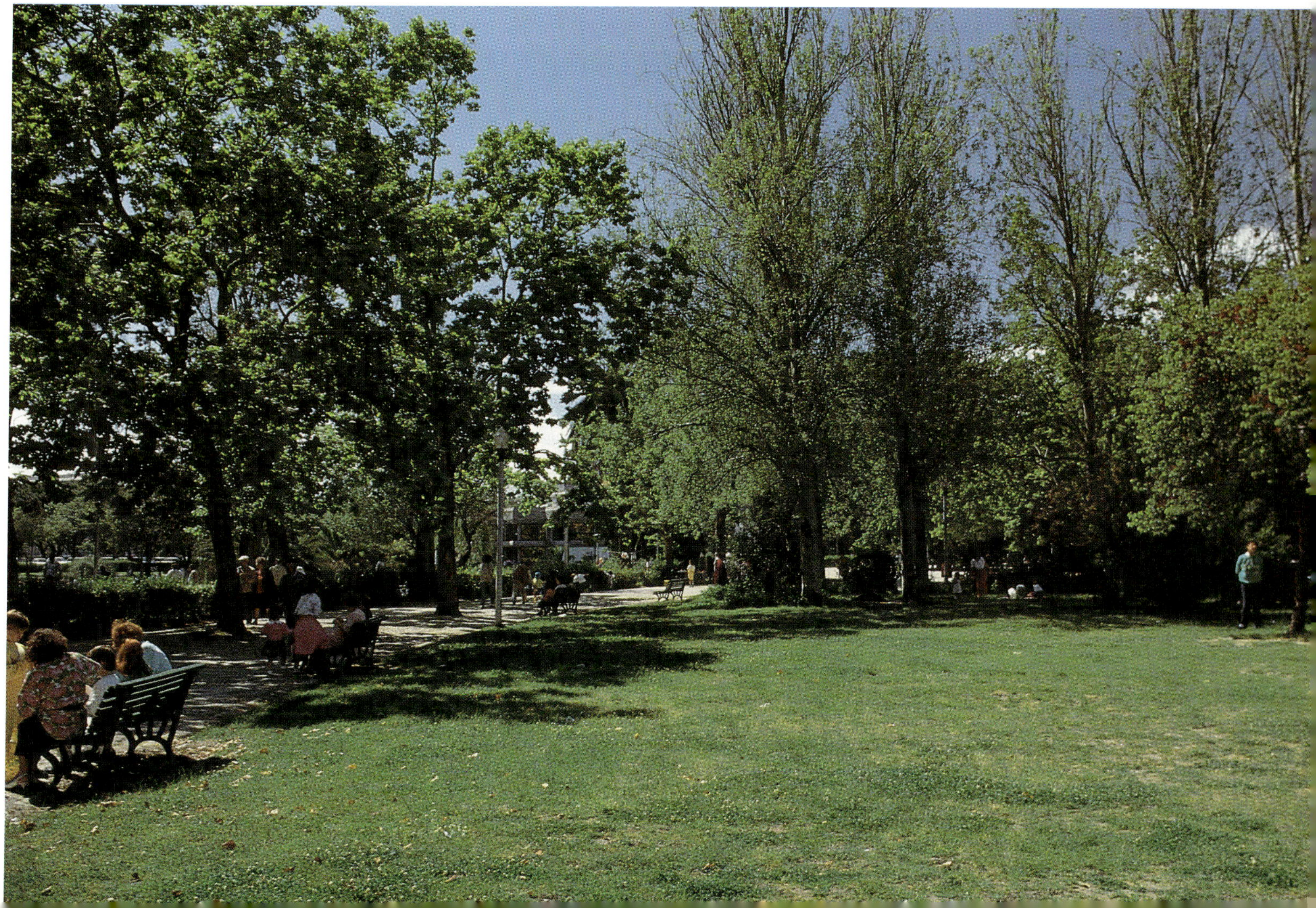

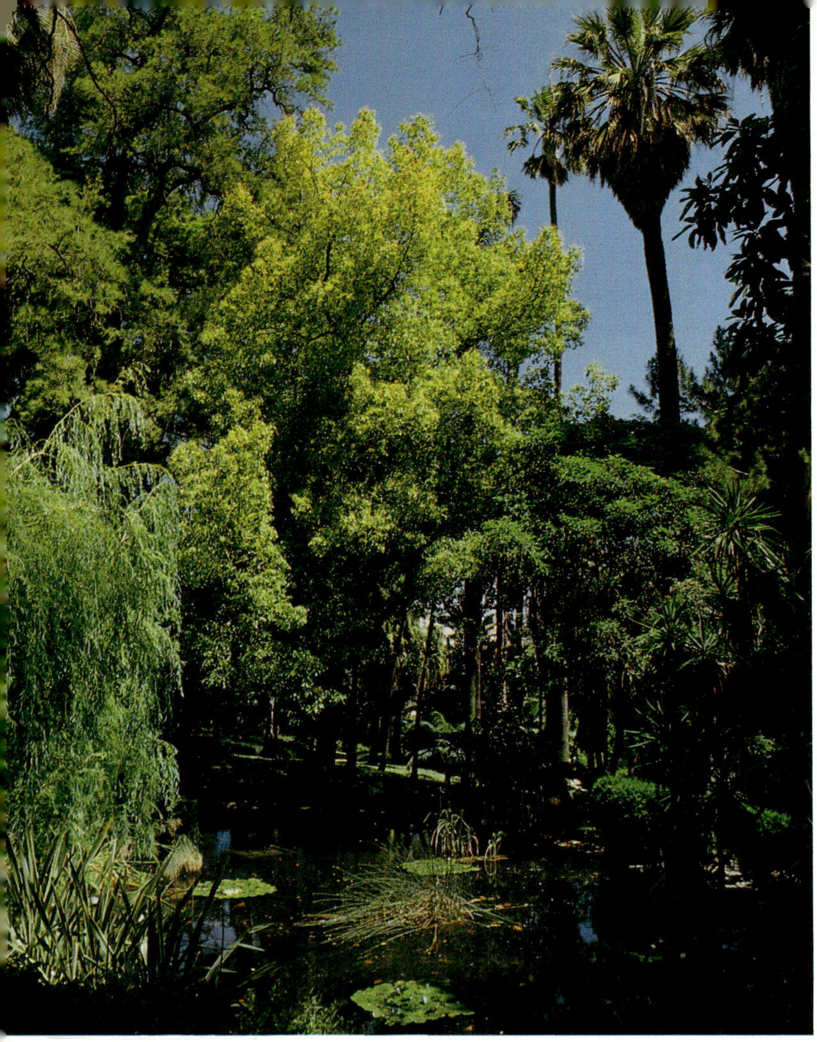

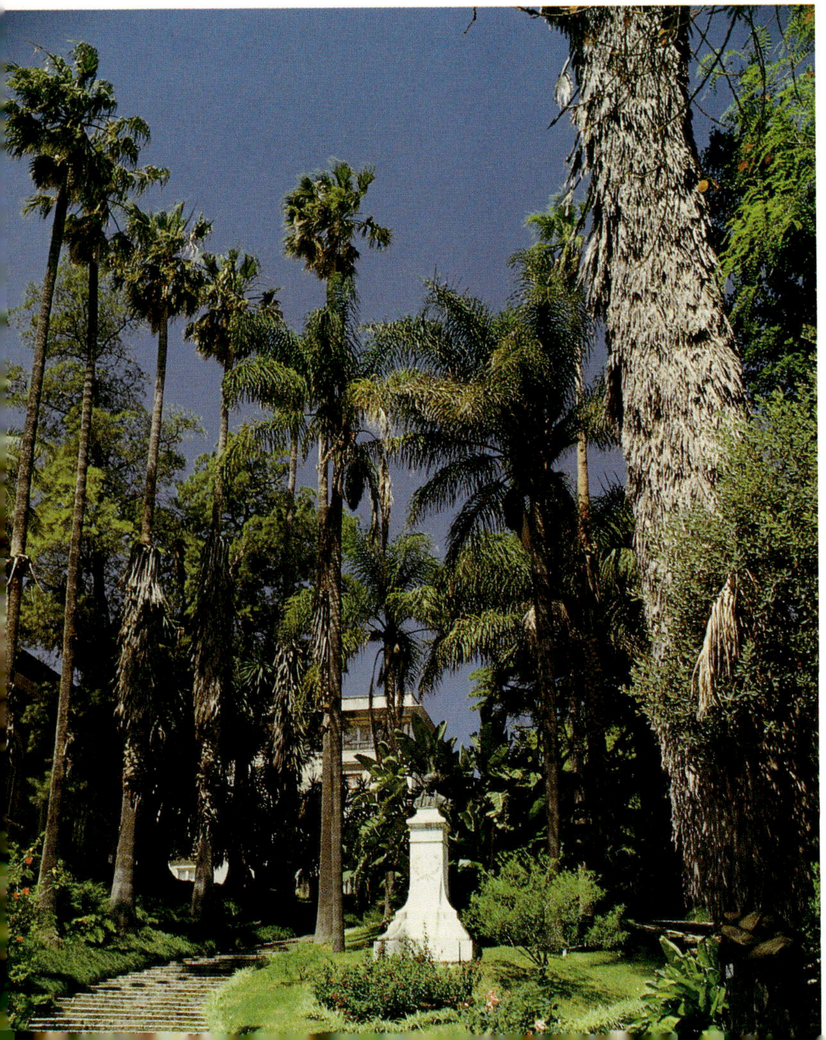

conjunto, de pequenos jardins ou pracetas arborizadas. Se chega de avião, vê subir para si, à medida que ele se aproxima da pista, a alegria de uma cidade colorida, como que em réplica à espessa monotonia endinheirada de outras grandes capitais europeias. Nessa manobra de aproximação do *jacto*, o mais desprevenido dos viajantes vai notando manchas verdes que se integram na diversidade da fisionomia urbana, como que a completam, pois não é o verde um dos seus tons mais comuns, e assim as cores se misturam e transformam. Já ficaram para trás, há instantes apenas, as zonas industriais da beira-Tejo e é então que repara, conforme a porta aérea por onde entra, na mata de Monsanto, na recta arborizada do Campo Grande, nos painéis bordados a cor do Parque Eduardo VII. Mais tarde, surpreender-se-á quando reparar na profusão de árvores subtropicais e exóticas que Lisboa lhe oferece, a alegria dos jacarandás que bordejam o Parque Eduardo VII, as palmeiras, indiferentes ao

---

heavy moneyed monotony of other great European capitals. As the jet approaches, the most unprepared of travellers begins to notice green patches that are integrated in the diversity of the urban fabric, completing it, for green is not one of its most common tones, and the colours mingle and are transformed. Only a few instants before, the riverside industrial zones have been passed and then, according to the aircraft's lane of approach, one sees the woods of Monsanto, the wooded rectangle of Campo Grande, the colour-embroidered panels in the Eduardo VII Park. Later, the visitor will be surprised at the profusion of subtropical and exotic trees that Lisbon has to show, the exuberance of the jacarandas bordering the Eduardo VII Park, the palms, indifferent to the weather, of the Botanical Garden but clearly visible from the street, the profusion of species hidden away

Aspectos do Jardim Botânico
Views of the Botanical Garden

tempo, do Jardim Botânico, porém tão visíveis da rua, a profusão das espécies que se escondem lá dentro: «Este jardim é sem contestação uma das maravilhas do Sul da Europa. Os jardins da Provença, da Ligúria e mesmo de Málaga (Villa Conception) não passam de charnecas ao lado desta vegetação subtropical exuberante», escreveu há muitos anos o botânico suíço Robert Chodat. Poucos metros adiante, seguindo pela mesma rua, encontrará o Jardim do Princípe Real que, além de orgulhar-se de uma araucária rara, está como que coberto por um imenso cedro, copado, abrigo de crianças e velhos, um dos muitos ex-líbris paisagísticos da velha Lisboa. Perto, fica a Avenida da Liberdade, basta descer pela colina que o Jardim Botânico acompanha, tendo porém o cuidado de não pensar que lá em baixo o chamado «Parque Mayer» lhe vai oferecer, apesar do nome, qualquer sombra de árvore. Já as teve, há muitos anos. Hoje é um espaço, digamos, antiverde, lugar de pequenos

inside. «This garden is unquestionably one of the marvels of southern Europe. The gardens of Provence, Liguria and even of Malaga (Villa Concepcion) are nothing more than barren heaths beside this exuberant subtropical vegetation», wrote the Swiss botanist Robert Chodat many years ago. A short distance away, following the same street, is the Príncipe Real Garden, which apart from boasting of a rare araucaria, is almost covered by an immense spreading cypress, shelter of children and the elderly, one of the many typical corners of old Lisbon. Nearby is Avenida da Liberdade; one only has to go down the hill that the Botanical Garden accompanies, but taking care not to think that down below the so-called 'Parque Mayer' will have shady trees. Trees it had, many years ago. Now it is a kind of anti-green zone, containing small modest restaurants, which in fact are excellent, much frequented by writers, journalists and artists, with three or four buildings of old theatres which still

A Estufa Fria (ou quente, se preferirem)
The Cold (or hot, if you wish) Greenhouse

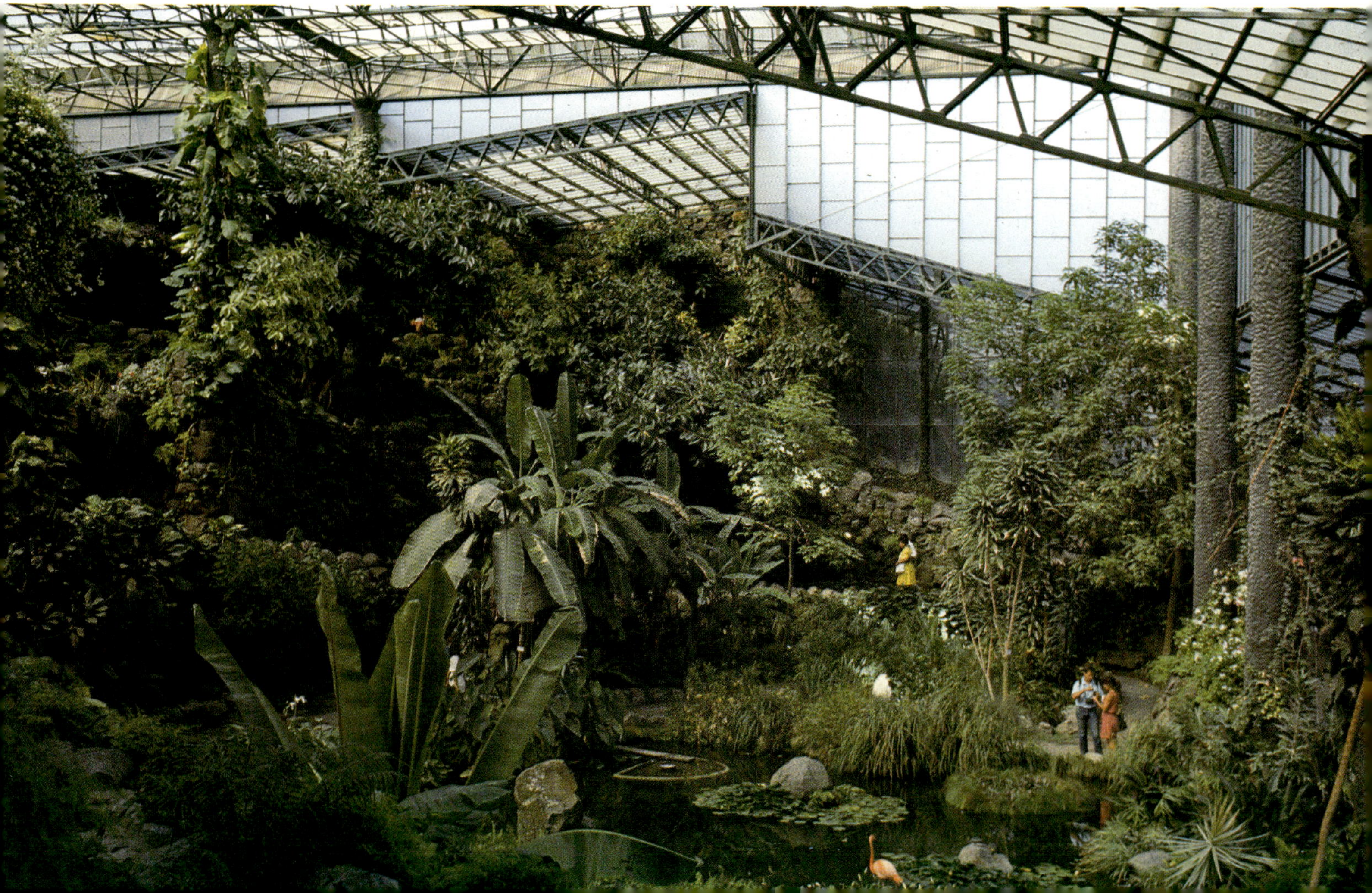

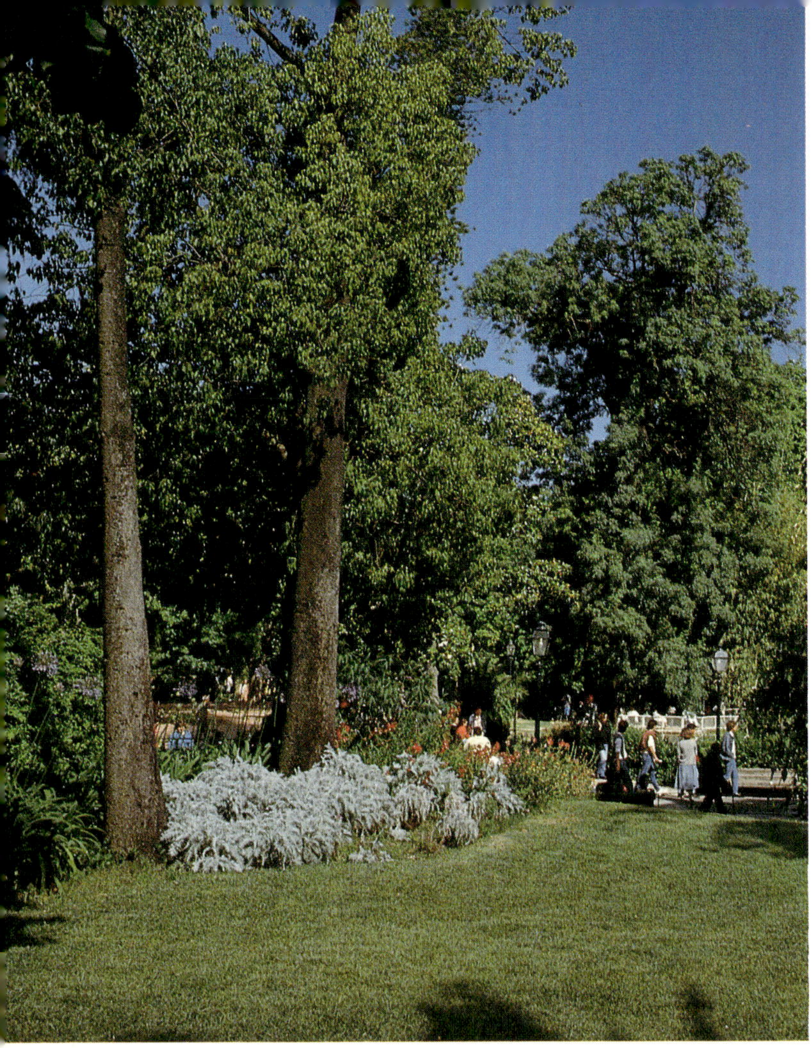
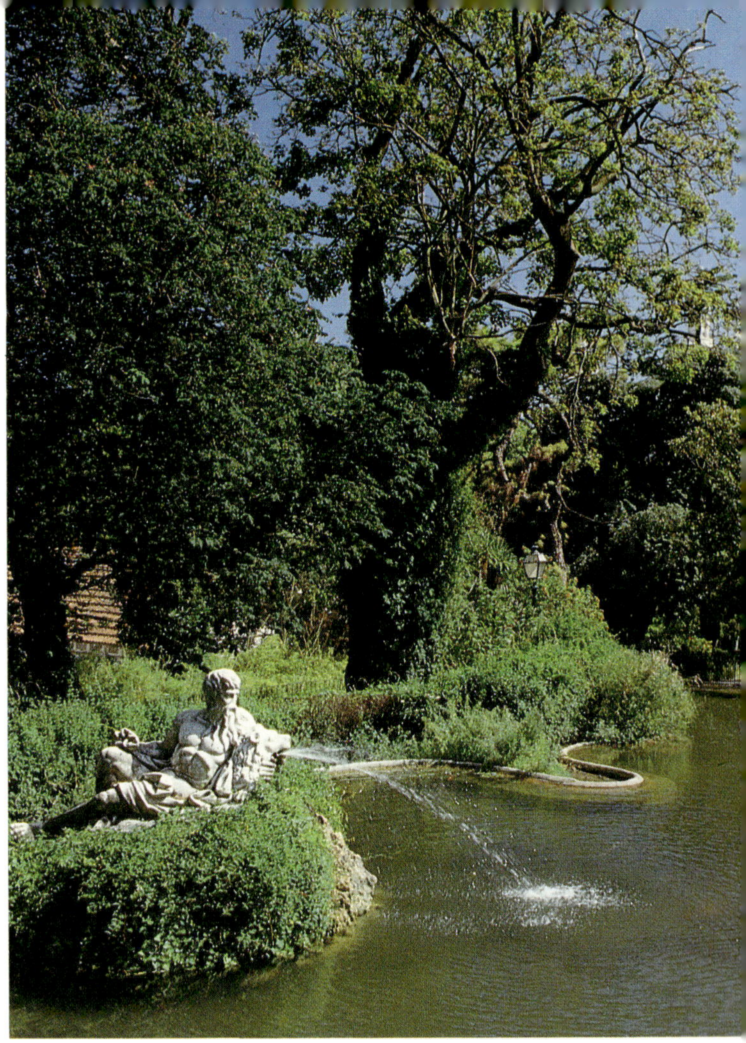
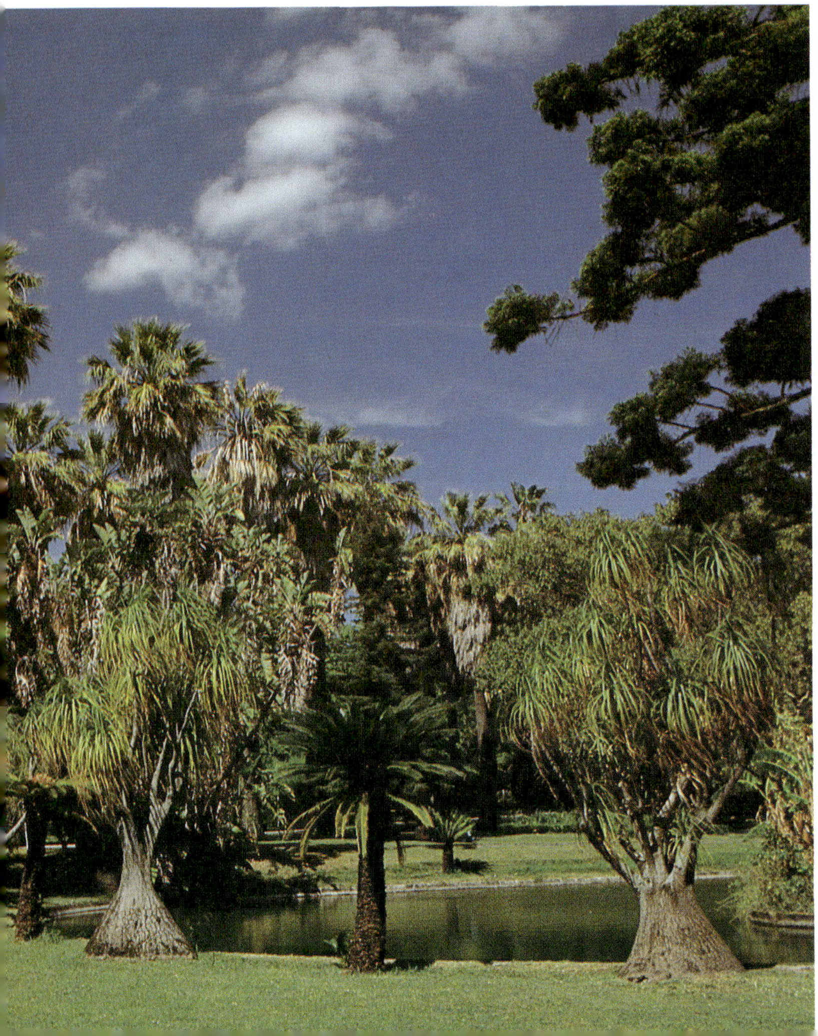
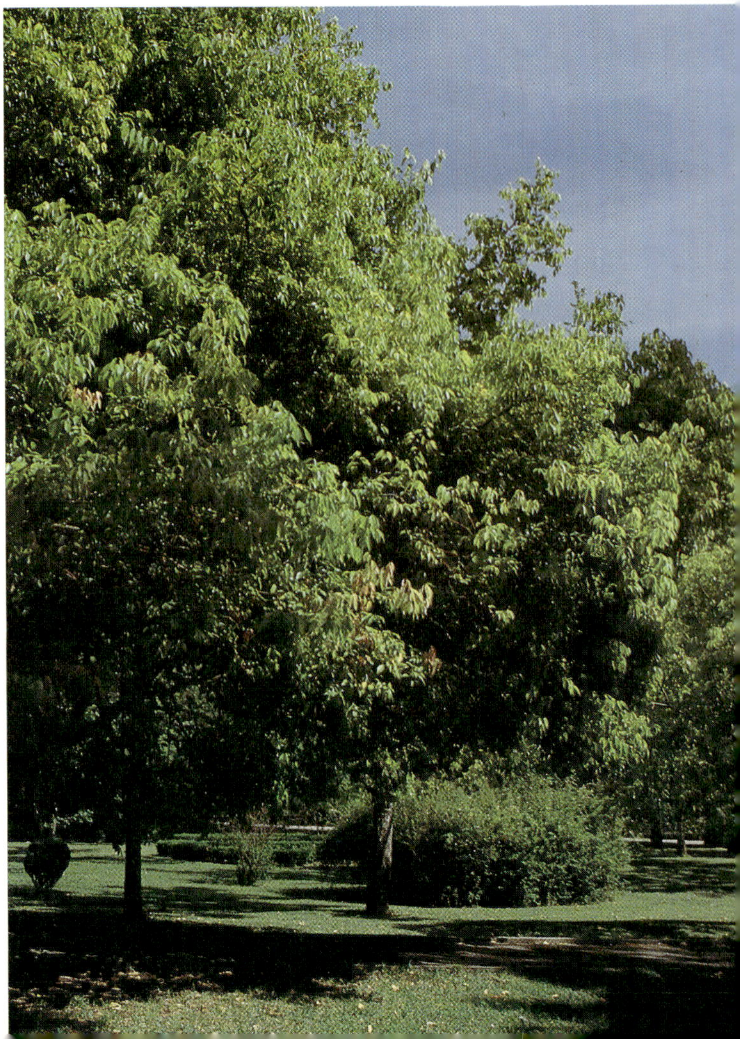

restaurantes populares, aliás excelentes, muito frequentados por escritores, jornalistas, artistas e com três ou quatro edifícios de velhos teatros que vão resistindo, com brio, ao tempo, aos incêndios, ao cinema e à televisão. No caminho deteve-se no jardim da Praça da Alegria, onde há uma espécie de «monumento botânico» muito visitado, a *Parkuisonia aculeata*. Na Avenida da Liberdade algum desbaste tem sido feito quanto aos seus verdes tradicionais. A memória de Lisboa guarda o prestígio, ali, das suas olaias, ulmeiros, plátanos e outras espécies que foram substituídas por exemplares mais consentâneos com a poluição e mais facilmente adaptáveis aos modernos processos de conservação. Mais grave é, a nosso ver, roubar-lhe a fisionomia novecentista que ali marcava uma época e da qual, como hoje, nas Avenidas Novas, já quase não há vestígios.

O Lisboeta familiarizou-se com os jardins da sua cidade e, no entanto, frequenta-os pouco, considera-os (atrás notamos a propósito do Jardim do Príncipe Real e do seu cedro) como que uma «reserva» de velhos e crianças... Quantos conhecem a Mata de Benfica ou a Tapada da Ajuda, esta, a seu modo também, lugar de estudo, jardim botânico? E o antigo Jardim do Ultramar, junto ao Mosteiro dos Jerónimos, rico de espécies subtropicais que um dia transplantámos das margens de outros mares para tão perto das margens do nosso? Andando pela rua, que leva o nome da igreja esplendorosa, quem repara na impressionante paineira junto à entrada da sacristia? E há ainda os jardins de bairro, eles são como que os sucedâneos dos que outrora faziam parte das vivendas de uma classe média alta, substituídos, por vezes, nos modernos prédios de habitação, por logradouros bem intencionados, de comunidade, convívio e outras atracções. Percorrendo as ruas dos bairros mais antigos ainda podem descobrir-se, sem perigo de indiscrição, os restos de quintais interiores, alinhados nas traseiras dos prédios, pequenas hortas para

bravely resist time, fires, the cinema and television. On the way down one would stop for a moment in the garden of Praça da Alegria, where a species of 'botanical monument' — Parkinsonia aculeata *— is much admired. Avenida da Liberdade has lost some of its traditional greenery. Lisbon was once proud of its judas trees, elms and other species that have been replaced by trees better suited to facing the problem of pollution and more easily adaptable to modern, conservation methods. More serious, I think, is to deprive the avenue of its 19th Century atmosphere that marked an epoch and of which, in the part of the town called Avenidas Novas, there is nowadays hardly a trace.*

The Lisboeta is familiar with the gardens of his city, but does not go there very much, considering them (see what was said about Príncipe Real Garden and its cypress) more as a 'reserve' for the elderly and children. How many people are acquainted with the Mata de Benfica or the Tapada da Ajuda, the latter also, in its way a place of study, a botanical garden? And then there is the Jardim do Ultramar, just by Jerónimos Abbey, with a wealth of subtropical species brought from distant shores to a place so near our home sea, how many people know it? And going along the street that bears the name of the splendorous church of the Abbey, who notices the impressive kapok tree just by the entrance to the sacristy? There also suburban gardens, substituting those that once formed part of the villas which have sometimes given way, in modern residential developments, to well intentioned spaces for communal use and with other attractions. Wandering through the older districts, however, it is not hard to find, without indue indiscretion, the remains of green enclosures, tucked away behind buildings, little kitchen gardens for meeting family needs, sometimes the drooping arms of a fig or loquat tree, perhaps even an urban vine, usually with few grapes.

Aspectos dos Jardins da Estrela *(em cima)* e do Ultramar

Views of Estrela Garden (above) *and Jardim do Ultramar*

sustento familiar, por vezes os braços cansados de uma figueira, ou de nespereira, mesmo uma parreira citadina em geral de uva escassa. Muitos deles, desses retalhos de vida, já foram devorados pelas construções vizinhas ou por aquelas que vieram substituir as pequenas residências de um ou dois andares. Por vezes, nos rasgões que os novos espaços para construção ainda permitem, a quem ali passa, ver da rua, esses troncos ou essas ramadas feridas aparecem-nos como fantasmas de velhos fidalgos que teimaram em viver num tempo que não era mais o seu.

E há também os jardins de museus. Desde há anos funciona no Palácio do Monteiro-Mor, no Lumiar, o Museu do Trajo mas o que mais o destaca, este, entre outros museus de Lisboa, é o enquadramento do lindo jardim, com sua variedade de avencas, begónias, palmeiras e araucárias. Os jardins da Fundação Gulbenkian, enquadrando os seus museus — o

Many of these vestiges of life have now been eaten up by nearby constructions or by buildings which have replaced the little houses of one or two floors. Sometimes, in the new spaces torn open for construction work, the passerby catches a glimpse of those trunks or wounded branches, appearing like ghosts of old aristocrats who have persisted in living in an age that is no longer theirs.

And there are also the gardens of museums. For some years now, the mansion called Palácio do Monteiro Mor, in Lumiar, has housed the Costumes Museum, but what most distinguishes it from other museums in Lisbon is its lovely garden, with its variety of ferns, begonias, palms and araucarias. The gardens of the Calouste Gulbenkian Foundation, a framework for its museums — the Modern Art Centre, the Calouste Gulbenkian Museum, its studios of dramatic expression or musical initiation, book animation, or a children's art

Os jardins da Fundação Gulbenkian e do Palácio do Monteiro-Mor (Museu do Trajo)
Gardens of the Gulbenkian Foundation and of the Palácio do Monteiro-Mor (Costume Museum)

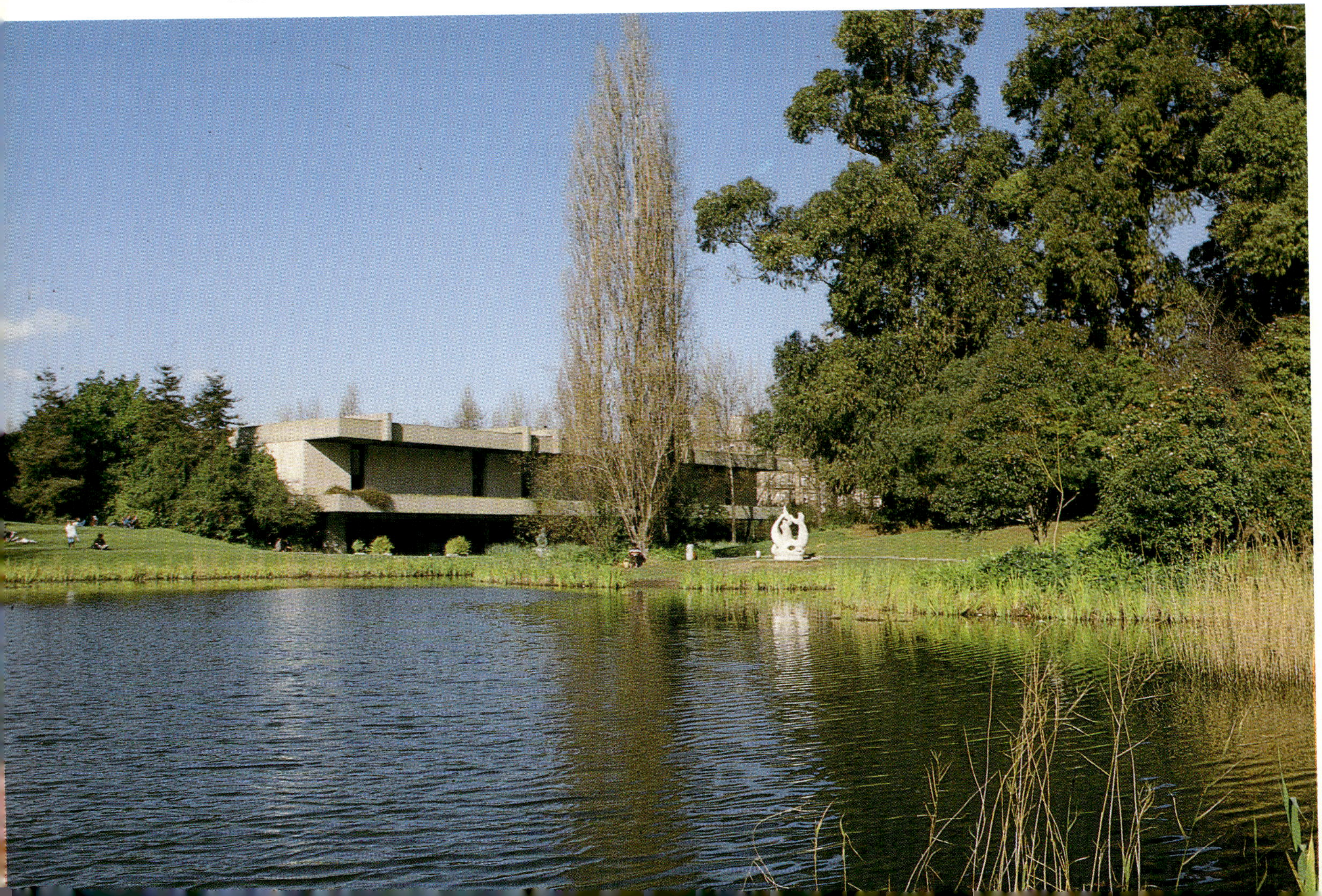

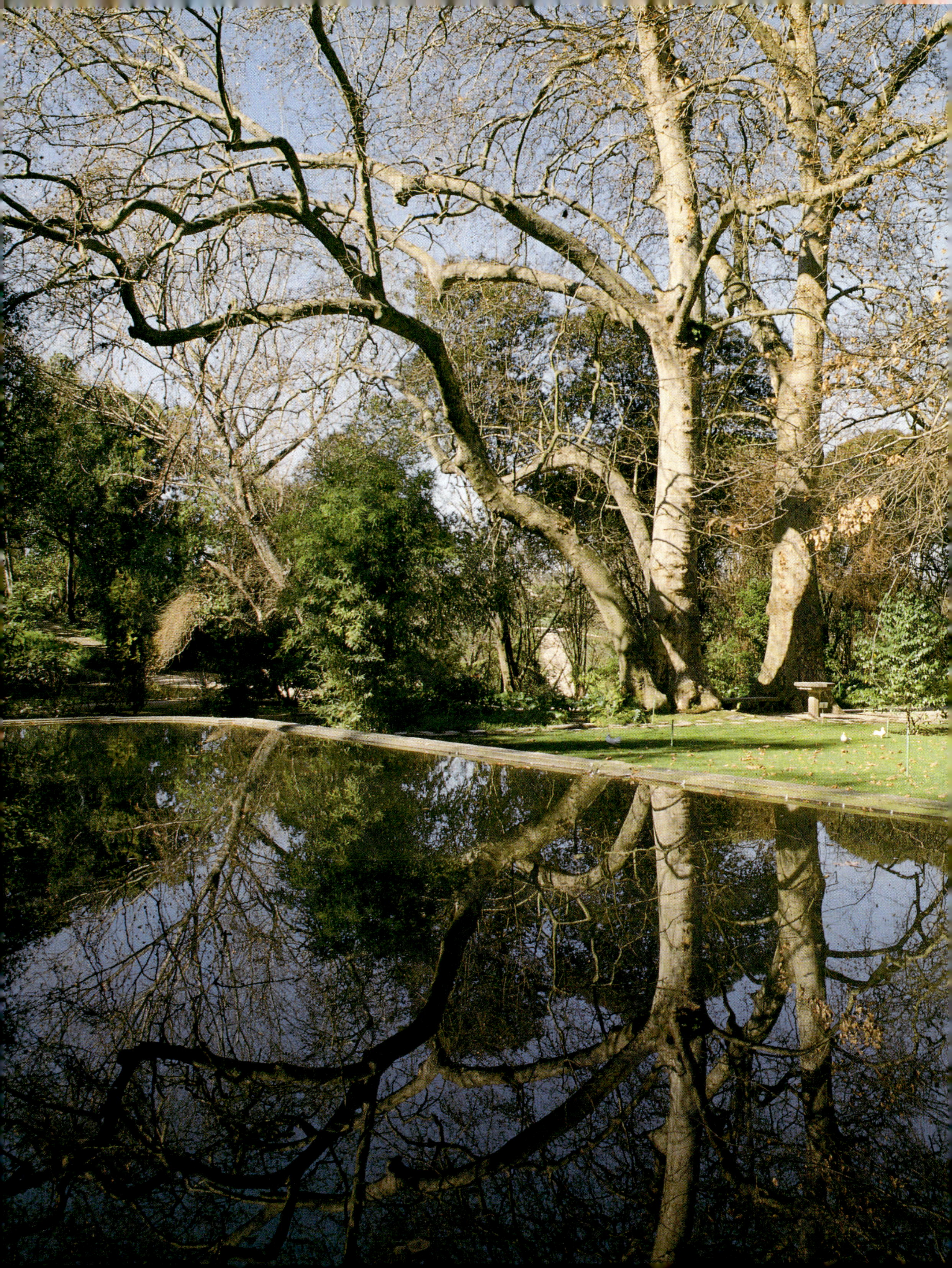

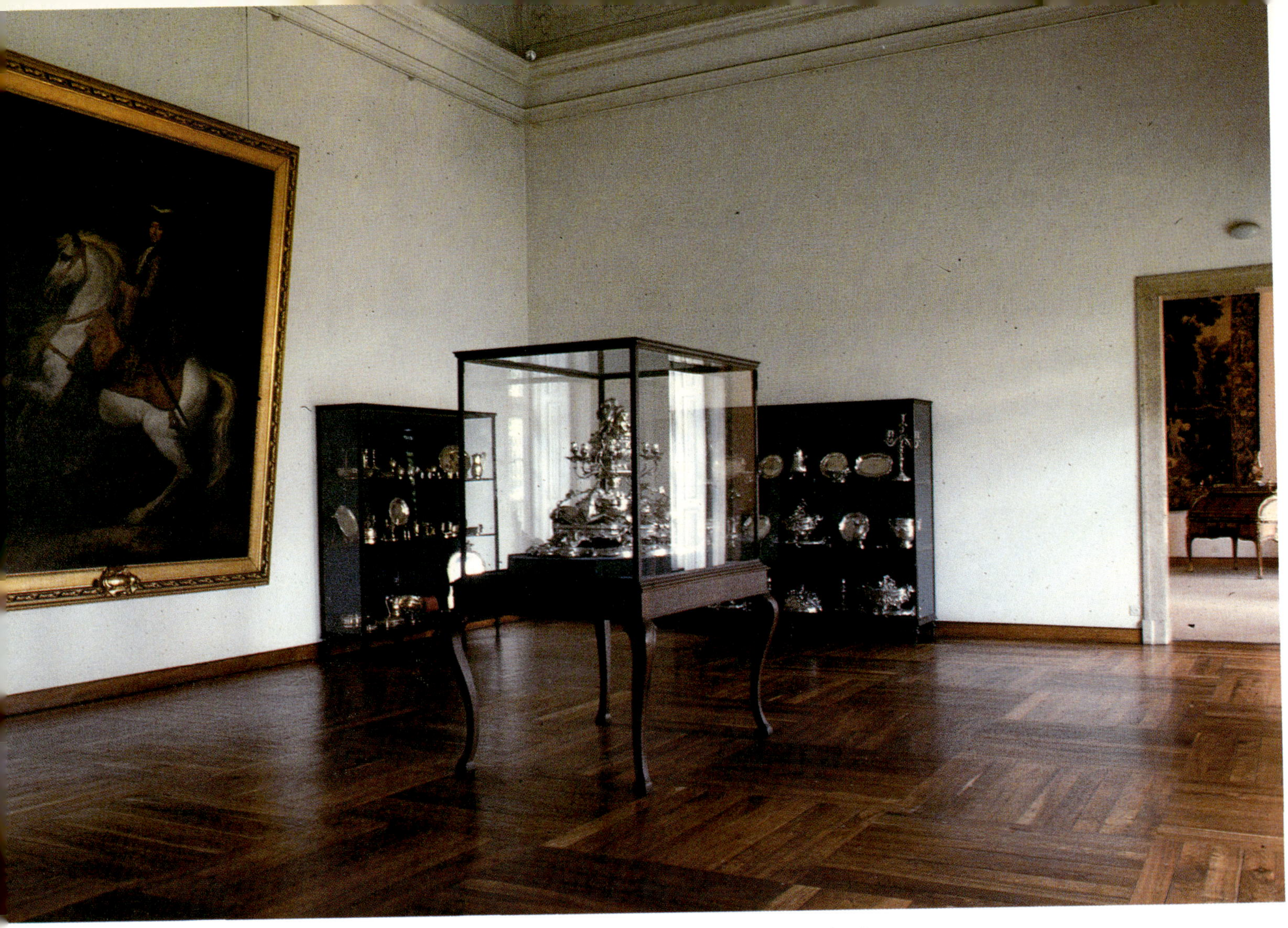

Sala do Museu Nacional de Arte Antiga
Inside the National Museum of Ancient Art

Centro de Arte Moderna, o Museu Calouste Gulbenkian, os seus estúdios de Expressão Dramática ou de Iniciação Musical, de Animação do Livro, até um Centro Artístico Infantil, o seu anfiteatro para espectáculos e concertos e sempre povoado de uma multidão juvenil que se habituou a ler, a estudar, a conviver num ambiente de serenidade e gosto no coração de Lisboa. Não há muito tempo os jardins do Palácio Fronteira, o mais belo palácio particular português, foram abertos ao público em dias certos. Na Galeria dos Reis, que domina o lago do jardim, nessa outra que liga as salas do palácio à capela com suas estátuas mitológicas, seus painéis cerâmicos do século XVII figurando as musas helénicas, uma imensa carga de passado tudo envolve. O Museu de Arte Antiga esse não dispõe de jardim próprio, e é pena, embora esteja situado junto ao jardim-miradouro, sobre o Tejo, da Rocha dos Con-

centre, its amphitheatre for plays and concerts — this garden is always crowded with young people who have learnt to read, study, live together in an environment of peace and good taste in the heart of Lisbon. Not very long ago the gardens of Palácio Fronteira, the loveliest of Portugal's private mansions, were opened to the public on certain days. In the Gallery of Kings, which overlooks the lake, and in another gallery that leads from the rooms of the Palácio to the chapel, with its mythological statues, its 17th Century panels of coloured glazed titles depicting the Greek muses, the atmosphere is charged with the past. The Ancient Art Museum, on the other hand, does not have a garden of its own, which is a pity, though it is situated next to a belvedere overlooking the Tagus, Miradouro da Rocha dos Condes de Óbidos. When a museum contains treasures such as its collection of Portuguese

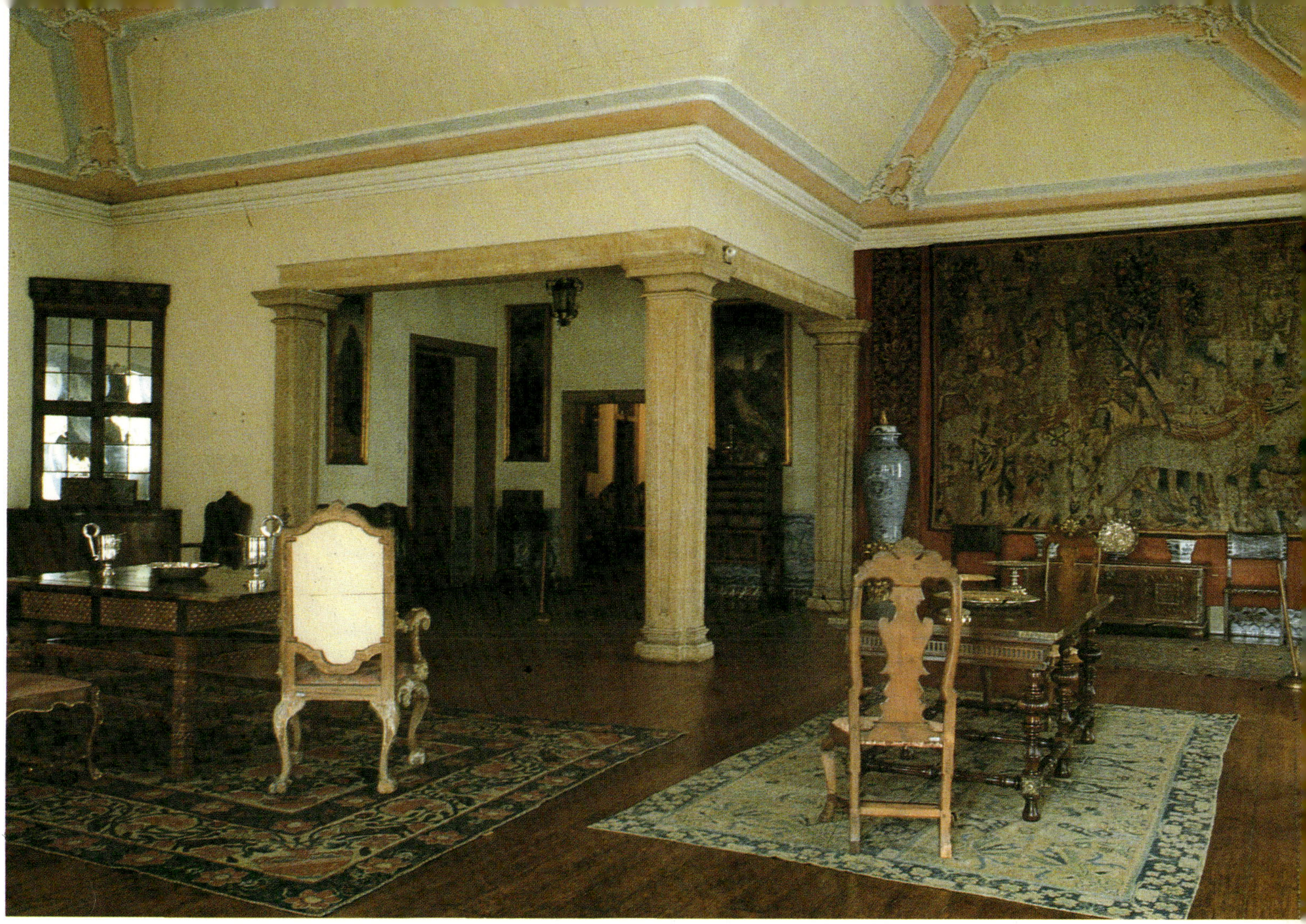

Sala do Museu das Artes Decorativas Ricardo Espírito Santo
Ricardo Espírito Santo Decorative Arts Museum

des de Óbidos, mas quando se dispõe de tesouros como a colecção de primitivos portugueses, entre os quais o políptico de Nuno Gonçalves, um acervo de ourivesaria medieval considerado dos mais importantes da Europa, quadros dos maiores pintores estrangeiros dos séculos XV e XVI, colecções de cerâmicas do Extremo Oriente, talvez se esqueça a falta de um jardim. Estas observações de desfastio sobre museus com jardins não podem fazer esquecer os museus que não os têm, nem precisam deles, afinal, pois são relicário histórico, a nação no seu percurso, mostras de glória e de fausto ou de obras de arte que no passado se conseguiu salvar de revoluções, terramotos e invasões estrangeiras.

De entre as dezenas de museus de Lisboa, o dos Coches, em Belém, fundado em 1905 pela rainha D. Amélia, parece só ter um rival na Europa na opulência e variedade das viaturas

primitives, including the polyptych of Nuno Gonçalves, a treasure of medieval gold work considered to be one of the most important in Europe, pictures by the greatest foreign painters of the 15th and 16th Centuries, collections of ceramic work from the Far East, perhaps someone forgot the need for a garden. These brief notes on museums with gardens must not make one forget those museums that do not have gardens, indeed do not need them, being as they are an historical reliquary, the nation itself on its course, examples of glory and splendour or of works of art which in the past it has been possible to save from revolutions, earthquakes and foreign invasions.

Among the dozens of museums in Lisbon, the Coach Museum at Belém, founded in 1905 by Queen Amélia, seems to have only one rival in Europe for its opulence, and variety of 17th,

dos séculos XVII a XIX ali reunidas, liteiras, seges, cadeirinhas e caleches e nem sequer falta ao riquíssimo conjunto a nota documental de trajos e objectos ligados à arte da equitação.

Sendo muito diferente, afinal como que o completa, o Museu da Marinha, na mesma área ribeirinha de Lisboa que até agora se tem mantido fiel a um pensamento motor que é desde o século XVI o de ligar ao Tejo a história da cidade e nela a do País, procurando que os seus principais monumentos se integrem, como mais adiante referiremos, não apenas numa zona geográfica-urbana tão significativa, mas, muito mais para além dela, num sentido nacional de horizonte e grandeza que não poderá ser desfigurado. Há que preservar a raiz do sonho.

O Museu da Marinha é a ilustração «técnica» do gosto português pelo mar. No entanto, a intenção do rei D. Carlos I quando em Julho de 1863 fundou o Museu era também de

18th and 19th Century vehicles — litters, sedan chairs, chaises and calèches — nor does this rich collection lack a documentary note on costumes and other things connected with the equestrian art.

Very different, but in a way completing it, is the Marine Museum, situated in the same riverside area of Lisbon that has so far remained faithful to the line of thought starting in the 16th Century — to link the history of the city to the River Tagus and the history of the city to that of the country, with the idea that its principal monuments shall be integrated, as will later be mentioned, not only in so significant a geographical-urban zone but, far more than that, in a national sense of horizon and grandeur that must not be disfigured. The basis of the dream has to be preserved.

The Marine Museum is the «technical» illustration of the Portuguese taste for the sea. The intention of King Carlos I, when in July 1863

Sala do Museu Gulbenkian
Gulbenkian Museum

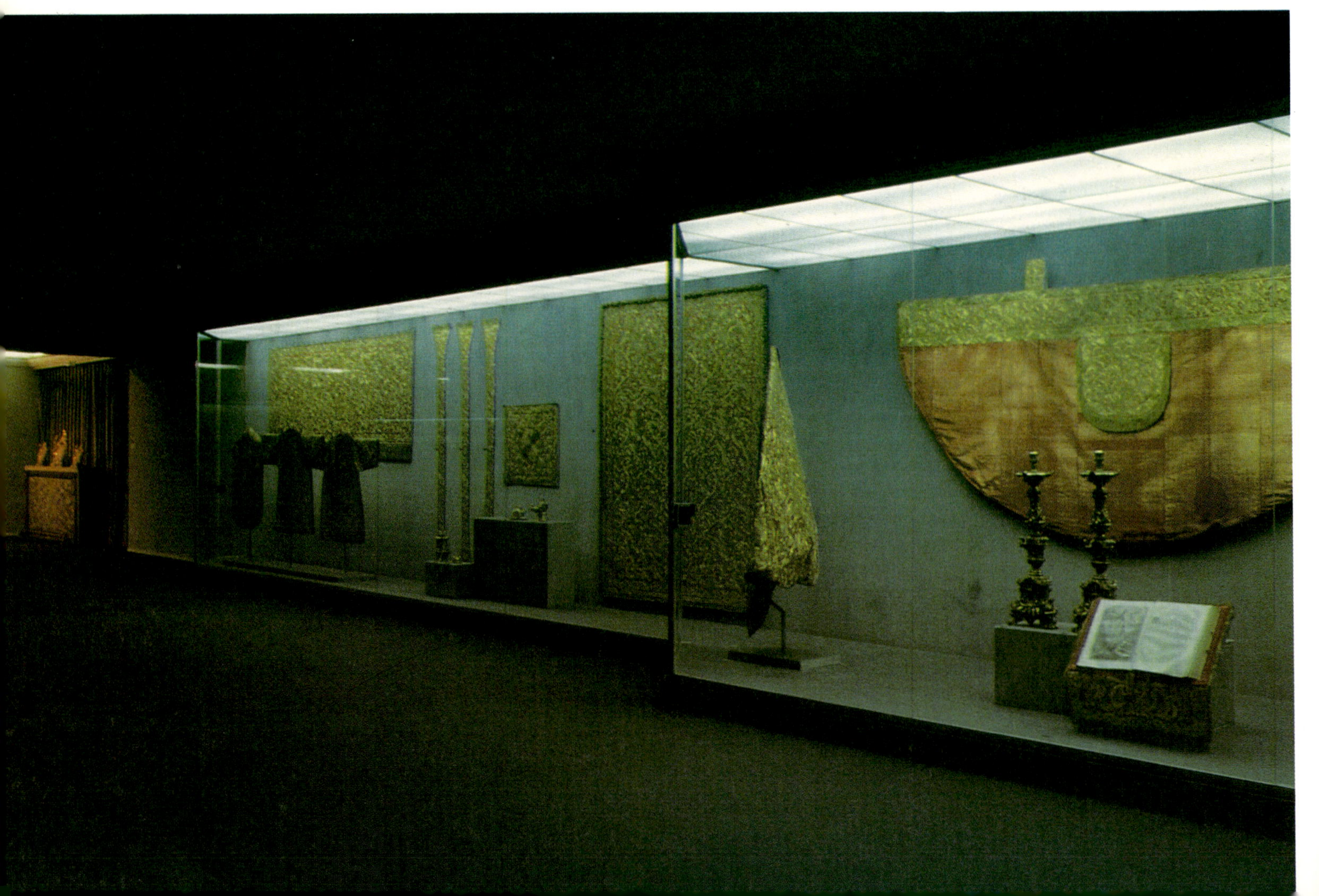

natureza científica, pragmática. O decreto que o instituiu diz logo nas primeias linhas que ele será «o arquivo de gloriosas relíquias e ao mesmo tempo uma memória do passado e uma fonte para o ensino do futuro». O Museu cobre todas as actividades marítimas: marinha de guerra, de comércio, de pesca de recreio e, hoje, também de actividades subaquáticas.

Percorrer as salas do Museu é folhear páginas de história e de progresso científico que as navegações dos séculos XV e XVI ficaram a dever ao estudo, à tenacidade e à coragem dos Portugueses. Do «caravelão» à «caravela latina», da nau *S. Gabriel* da armada de Vasco da Gama, de 1497, cinco séculos dentro em breve se cumprirão.

O Museu da Marinha reivindica para a sua colecção o título de «a mais rica do mundo». Sê-lo-á. Impossível mesmo resumir todas as espécies ali existentes, mas reserve-se para fechar aquela que faz parte da memória de ainda

he founded the Museum, was, however, also scientific, pragmatic. The decree instituting it states in its first lines that it is to be «the archive of glorious relics and at the same time a memory of the past and a fount of teaching in the future». The Museum covers all maritime activities: navy, trade, angling and, nowadays, underwater sport.

To wander through the halls of the Museum is to leaf through the pages of history and scientific progress that the voyages of the 15th and 16th Centuries owed to the study, tenacity and courage of the Portuguese. From the time of the caravelão *to the* caravela latina, *from the day of the nao* São Gabriel *of Vasco da Gama's fleet of 1497, five centuries will soon have elapsed.*

The Marine Museum claims that its collection is «the richest in the world». It must be. It is impossible even to give a brief account of everything it contains, but in conclusion men-

A grande nave do Museu dos Coches
Coach Museum

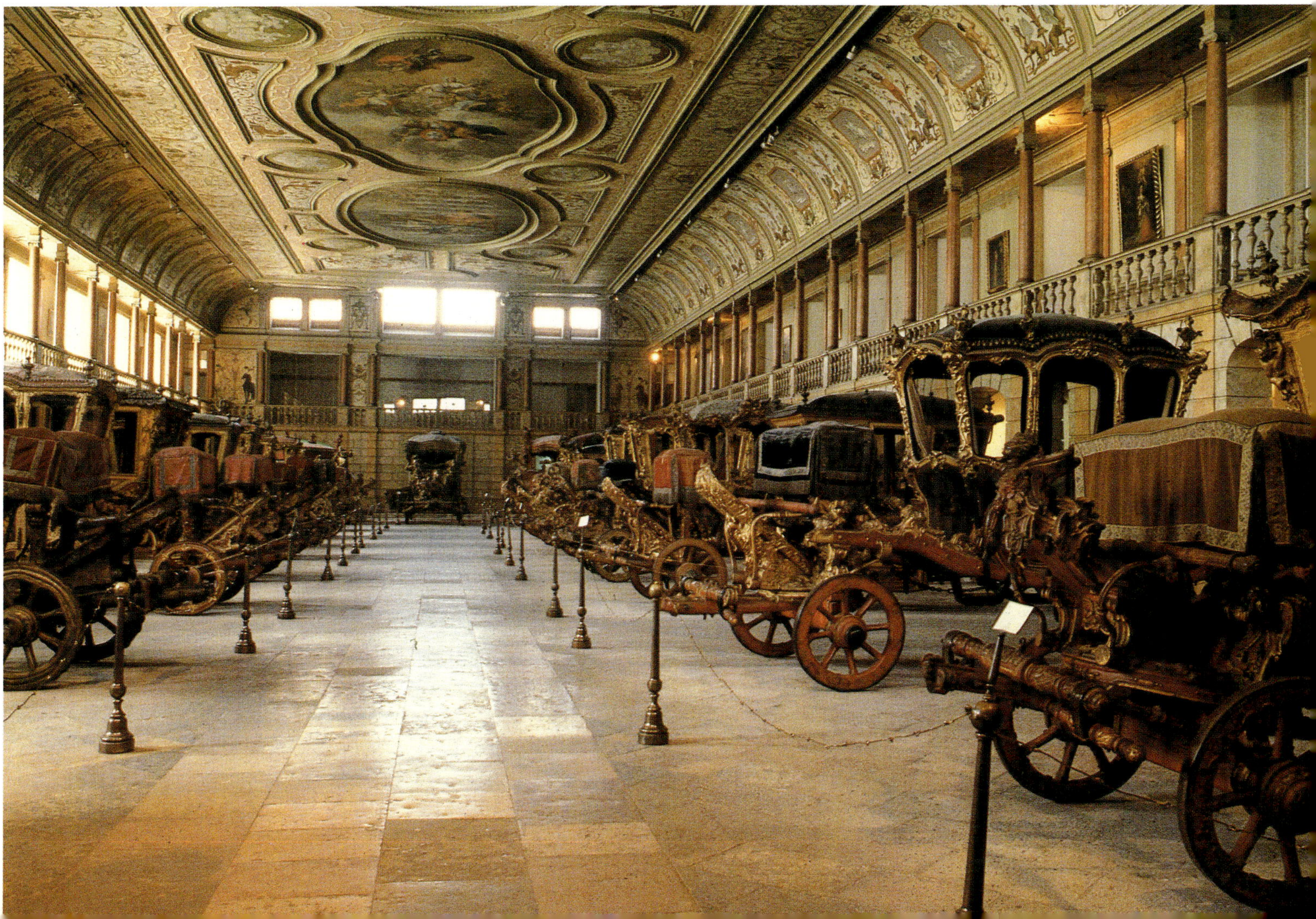

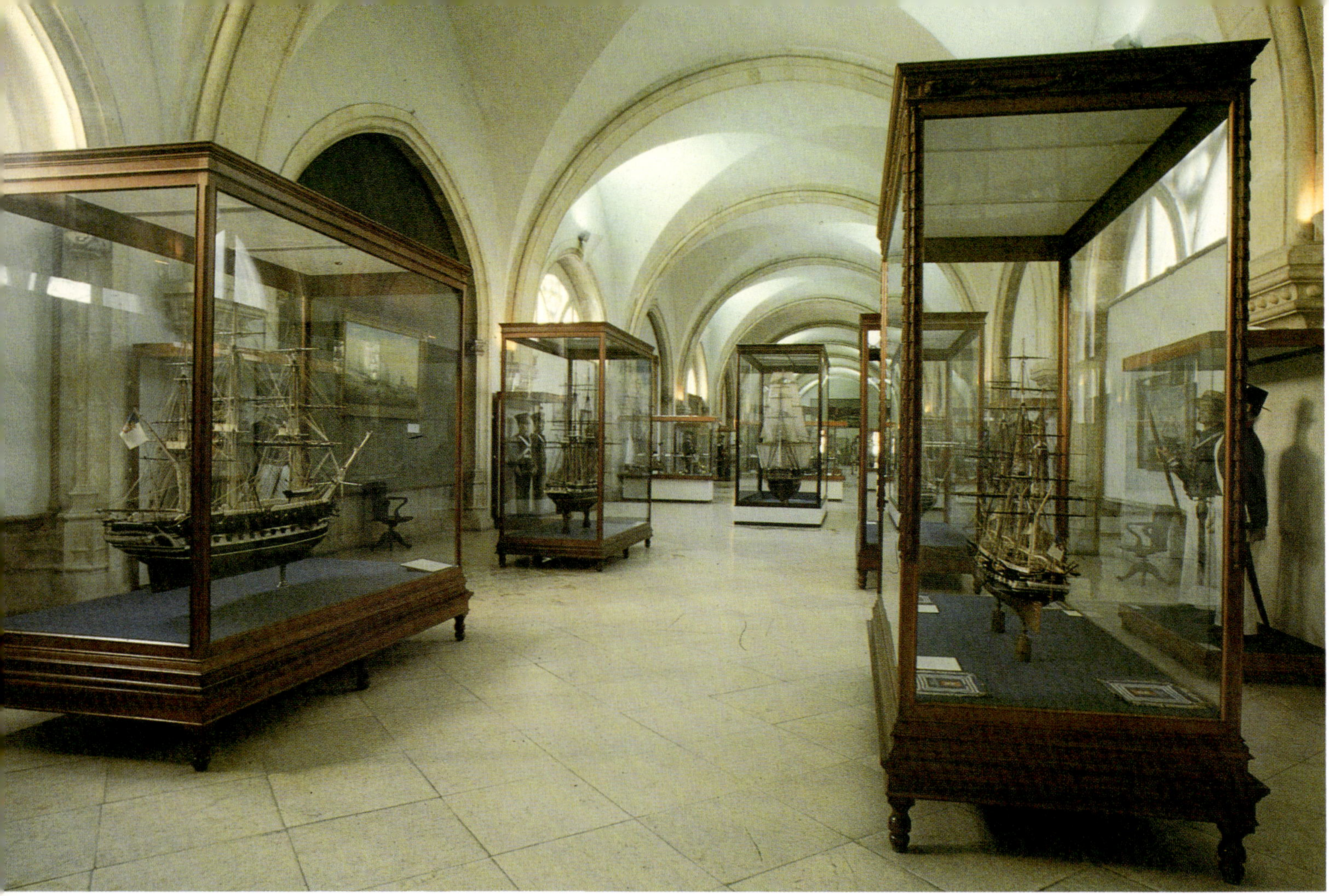

Em cima: aspecto do Museu da Marinha; *ao lado:* o Animatógrafo do Rossio *(em cima)* e uma antiga moradia na Av. da República

Above: *Marine Museum;* at the side: *the* Animatograph *of Rossio* (above) *and an old house in Avenida da República*

alguns de nós: o hidroavião *Santa Cruz* um dos três nos quais em 1922 o almirante Gago Coutinho e o comandante Sacadura Cabral estabeleceram pela primeira vez a ligação aérea entre a Europa e o Atlântico Sul, viagem histórica entre Lisboa e o Rio de Janeiro. O velho *Fairey* da década de 20, frágil e rudimentar, representa uma das páginas de glória de Portugal neste século.

Noutra zona da cidade, o Museu das Artes Decorativas, da Fundação Ricardo Espírito Santo, está situado na zona alta da cidade, bem perto da Sé Catedral e já no Bairro de Alfama, num palácio seiscentista que era da família dos condes de Azurara. Ali se reuniram exemplares de mobiliário, cerâmicas, ourivesaria, numa primorosa reconstituição de velhos salões e aposentos. Integrados no Museu, que se ficou devendo ao legado do banqueiro-

tion must be made of something that still belongs to the memory of some of us: the seaplane Santa Cruz *that was one of the three aeroplanes in which, in 1922, Admiral Gago Coutinho and Commander Sacadura Cabral for the first time established the air connection between Europe and the South Atlantic, in an historic journey between Lisbon and Rio de Janeiro. That old Fairey of the twenties, so fragile and rudimentary, represents one of the pages of glory for Portugal in this century.*

In another part of the city the Decorative Arts Museum, of the Ricardo Espírito Santo Foundation, is located in the upper zone of Lisbon, quite near the Cathedral and in the quarter of Alfama; it is housed in a seventeenth Century mansion that belonged to the family of the Counts of Azurara. A wonderful collection has been made of furniture, ceramic and gold

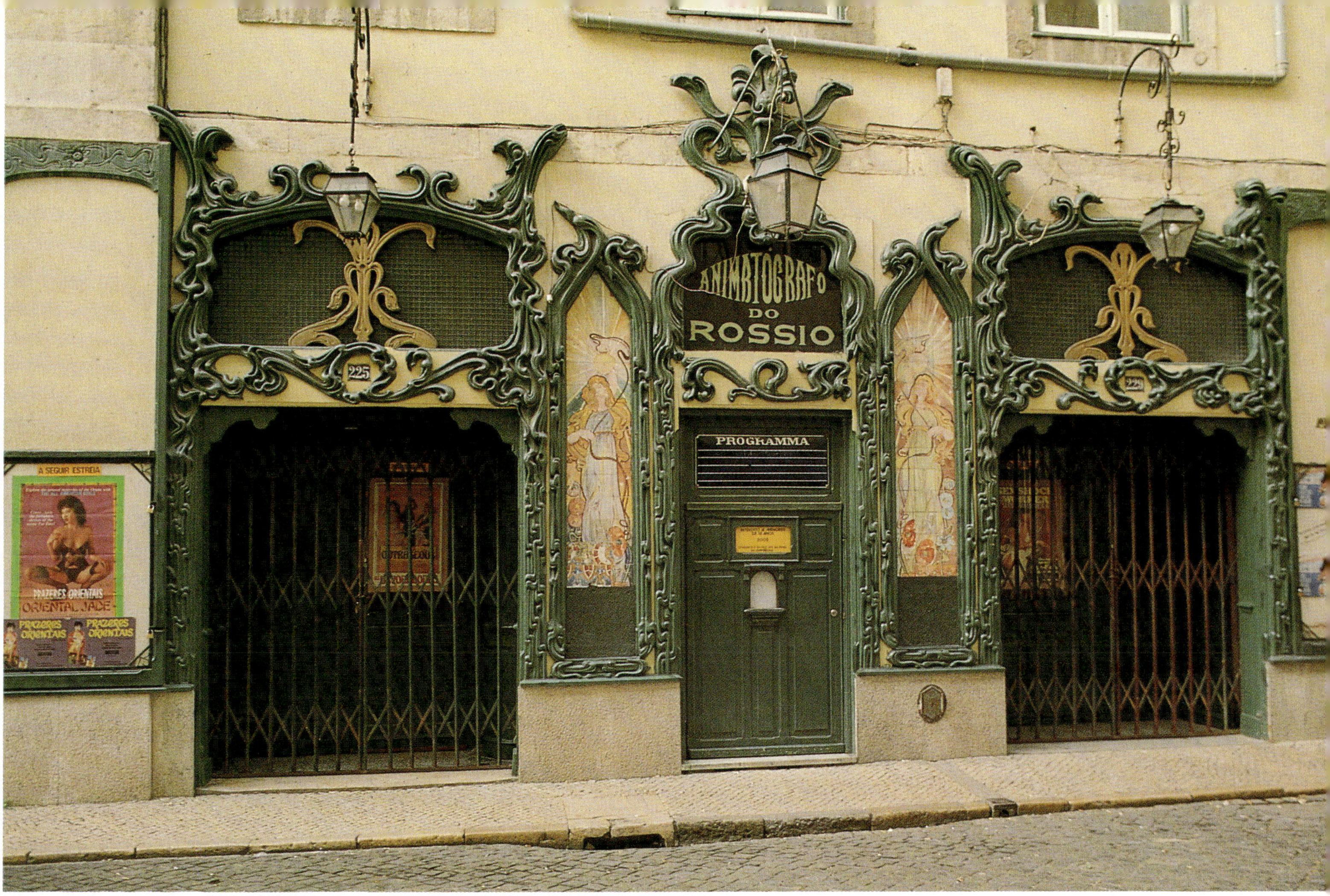
ANIMATÓGRAFO
DO
ROSSIO
PROGRAMMA
225
A SEGUIR ESTREIA
PRAZERES ORIENTAIS
ORIENTAL JADE

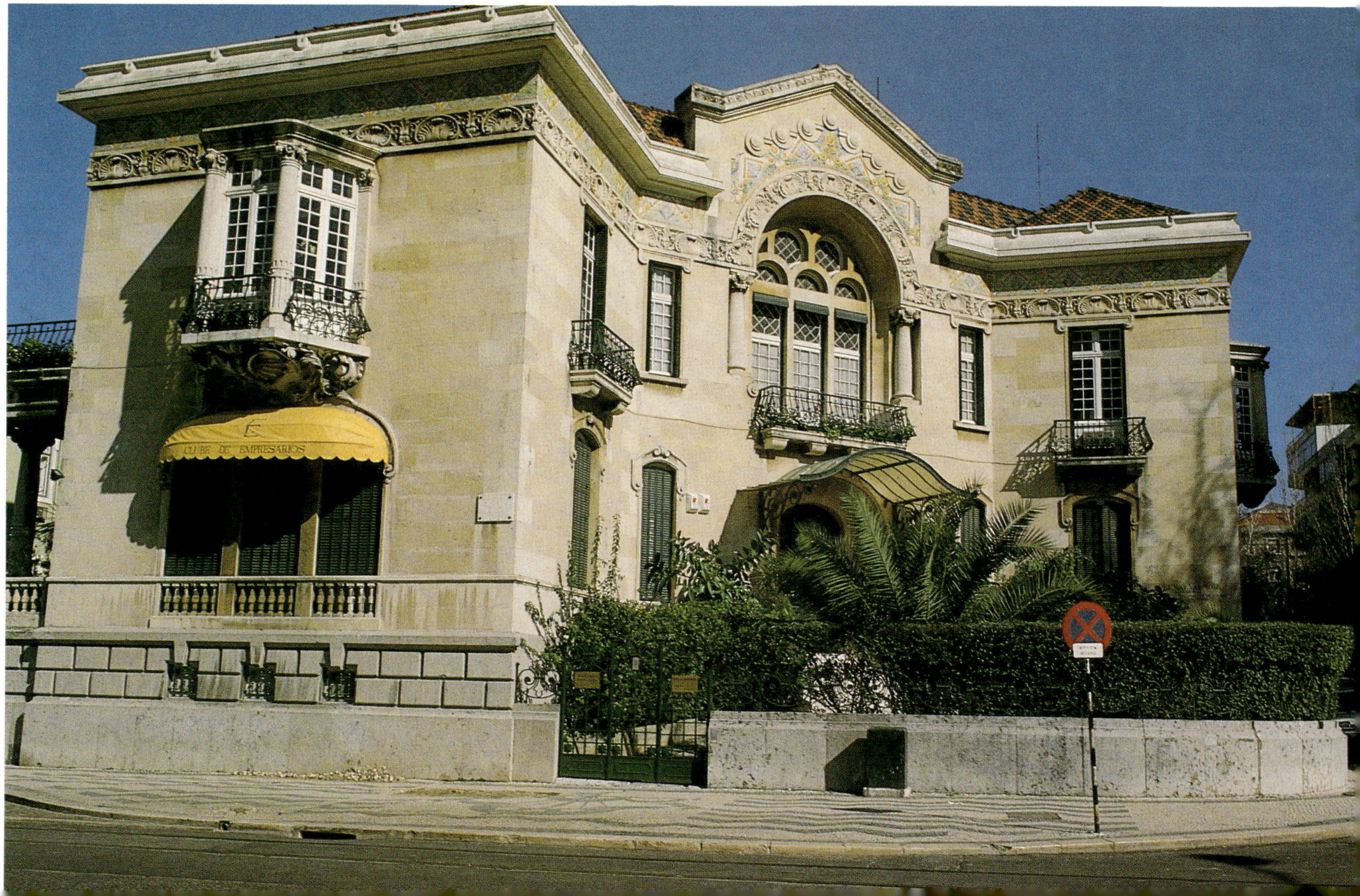
CLUBE DE EMPRESARIOS

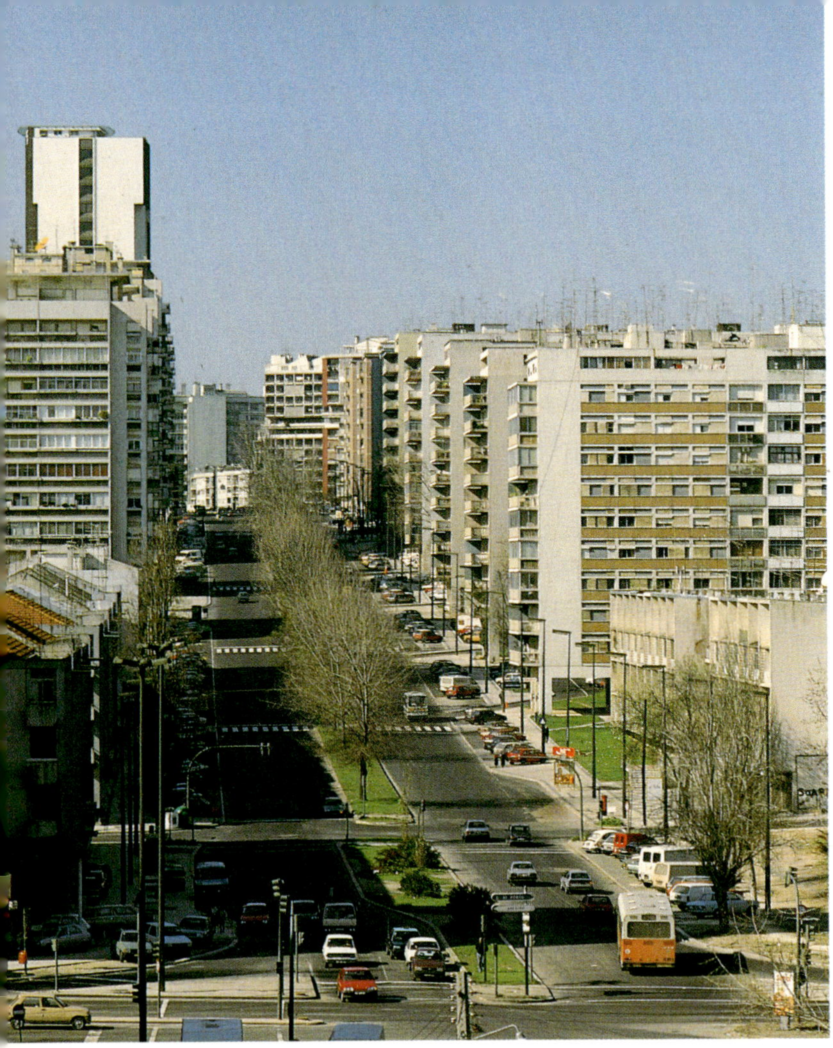

-artista seu patrono, funcionam serviços de restauro de mobiliário e de quadros, de encadernação e outros, hoje raros.

É fácil amar Lisboa na diversidade da sua história e da sua fisionomia quando no final do século XIX se rompeu a Avenida da Liberdade, abrindo esse pulmão à velha Baixa pombalina, desde logo se notou a influência dos então recentes *boulevards* parisienses e ainda hoje sobrevive ali, por entre moderníssimos prédios por vezes de gosto discutível, uma ou outra fachada representativa do estilo que na transição do século XIX para o actual interessou os melhores arquitectos desse período. Bom exemplo é o do *Animatographo* do Rossio, na Rua dos Sapateiros, cujos proprietários já têm defendido a permanência da fachada primitiva.

---

work, reconstituting old salons and living rooms. The Museum, which originates in a bequest by the artist-banker who was its patron, includes a department engaged in the restoration of furniture and paintings, bookbinding and other crafts that are rare nowadays.

It is easy to love Lisbon in its diversity of history and aspects. When at the end of the 19th Century the Avenida da Liberdade was created, opening up a lung to the old Baixa, it was easy to see the influence of the then recent Parisian boulevards, and even today, among very modern buildings that are sometimes in questionable taste, there survives here and there a façade which is representative of the Art Nouveau style that at the turn of the century interested the best architects of the period. A good example is that of the Animatograph *of Rossio, in Rua dos Sapateiros, whose owners have insisted that the original façade should be kept. In fact, in the Baixa itself there are decorations of pastry shops and cafés that are regarded as being in the best Art Nouveau style.*

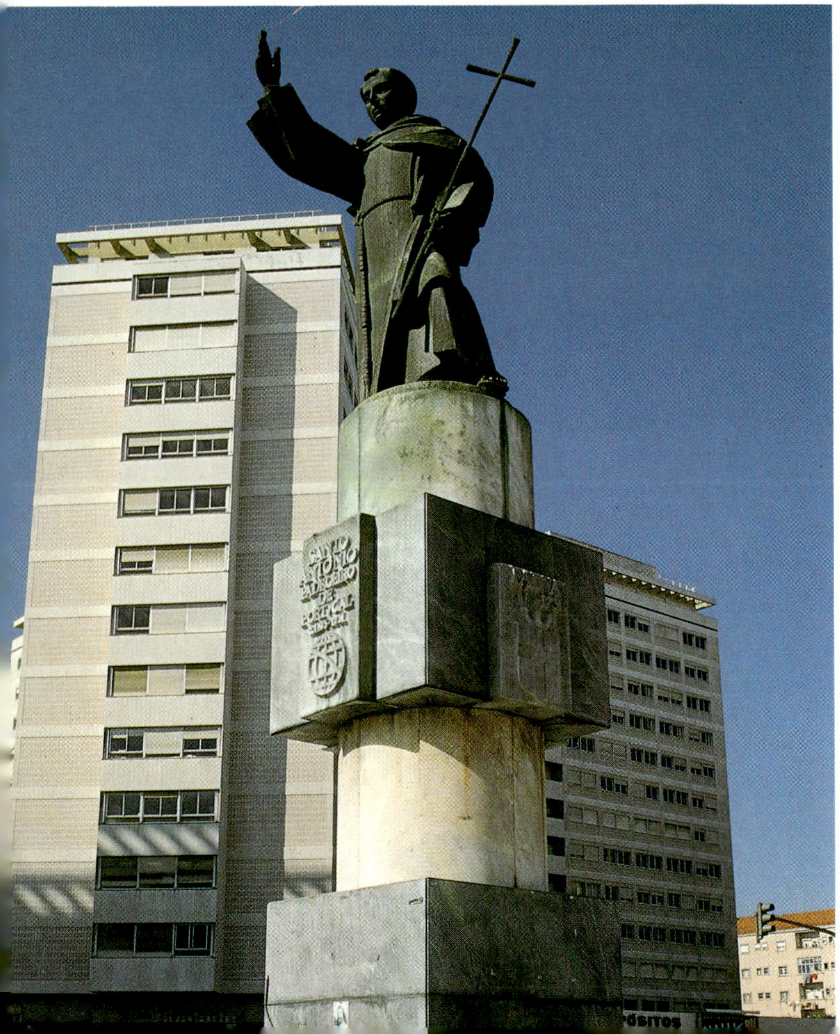

Aspectos da Avenida dos Estados Unidos e da Avenida de Roma, com a Estátua a St.° António

Views of Avenida dos Estados Unidos and Avenida de Roma, with the statue of Saint Anthony

Aliás, na zona da Baixa há decorações de antigas confeitarias e cafés que são consideradas do melhor estilo «Arte Nova».

Mais para cima, por toda a Avenida da República e em algumas outras das já referidas, hoje «velhas Avenidas Novas», há alguns exemplares de uma raça em vias de extinção, o «palacete», que um dia foi brasão de gente enriquecida no final do século passado com a industrialização que ia crescendo ou de comerciantes rapidamente beneficiários dos negócios que acompanham, inevitavelmente, as guerras e as transformações sociais.

Em poucas décadas, desde a segunda metade do nosso século, Lisboa inchou e subiu da zona oriental mais para norte, para fora de portas. A relativamente recente «propriedade horizontal» provocou o rápido aparecimento, na vertical claro, de novos bairros e deu origem a transformações, profundas, em muitos dos antigos.

Further up, along the whole Avenida da República and in some other avenues, the so-called 'Avenidas Novas' — though now old — which have already been referred to, are some examples of a breed on its may to extinction — the 'palacete' (little 'palace'), once the pride of those who became wealthy at the end of the last century on the growing industrialization, or of tradesmen who quickly benefited from the business which inevitably accompanied the wars and social changes.

In a few decades, from the second half of our century, Lisbon expanded and crept up from the eastern zone northwards, to outside its gates. The relatively recent condominiums have led to the rapid growth, vertically of course, of new suburbs, and to far-reaching transformations in many of the old ones.

Campo Grande, a park that originally was a timid imitation, in miniature, of the Bois de Boulogne, was at the same time given value

Grandes hotéis acolhem confortavelmente o turista
Big hotels welcome the tourist with great confort

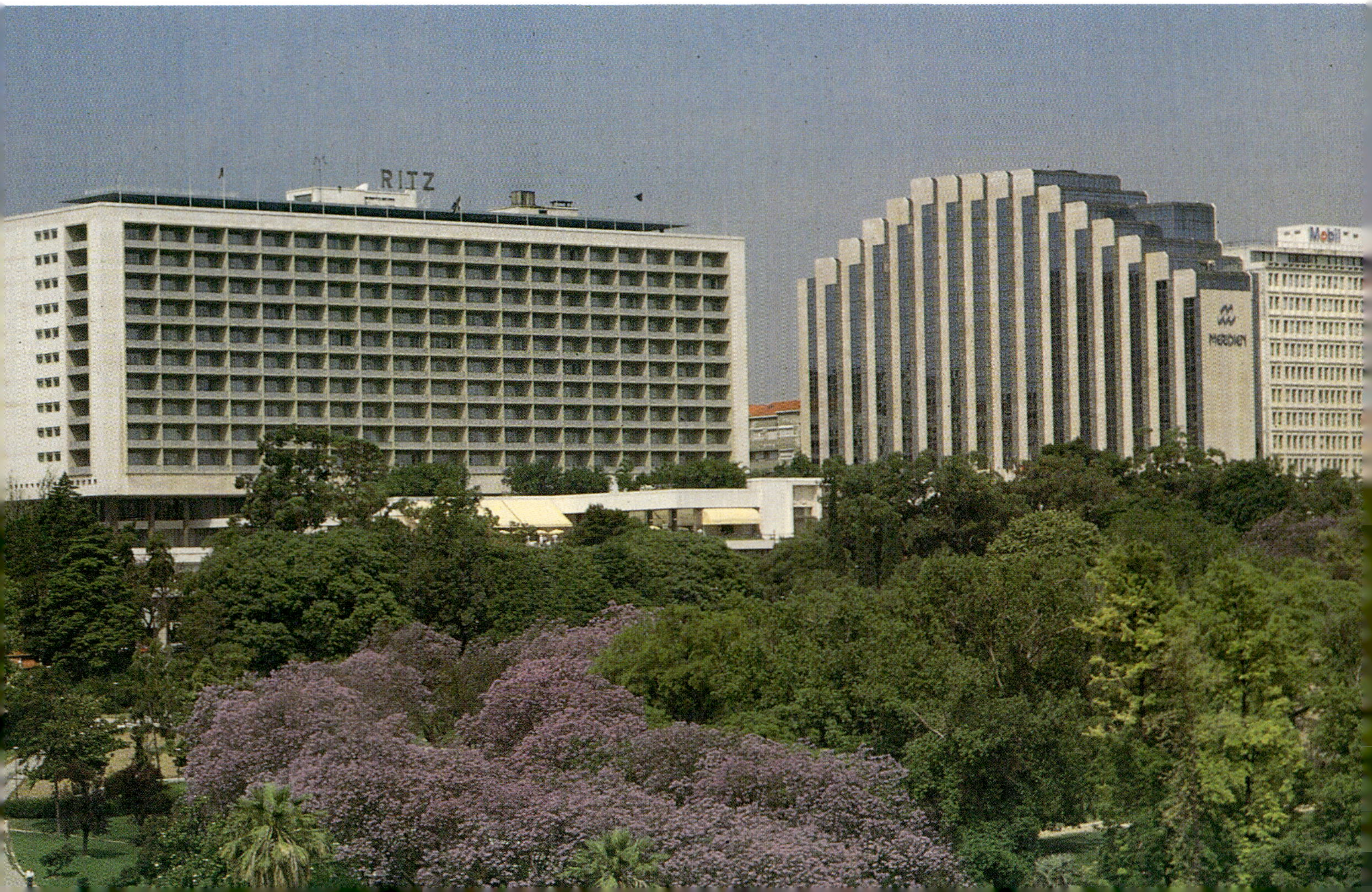

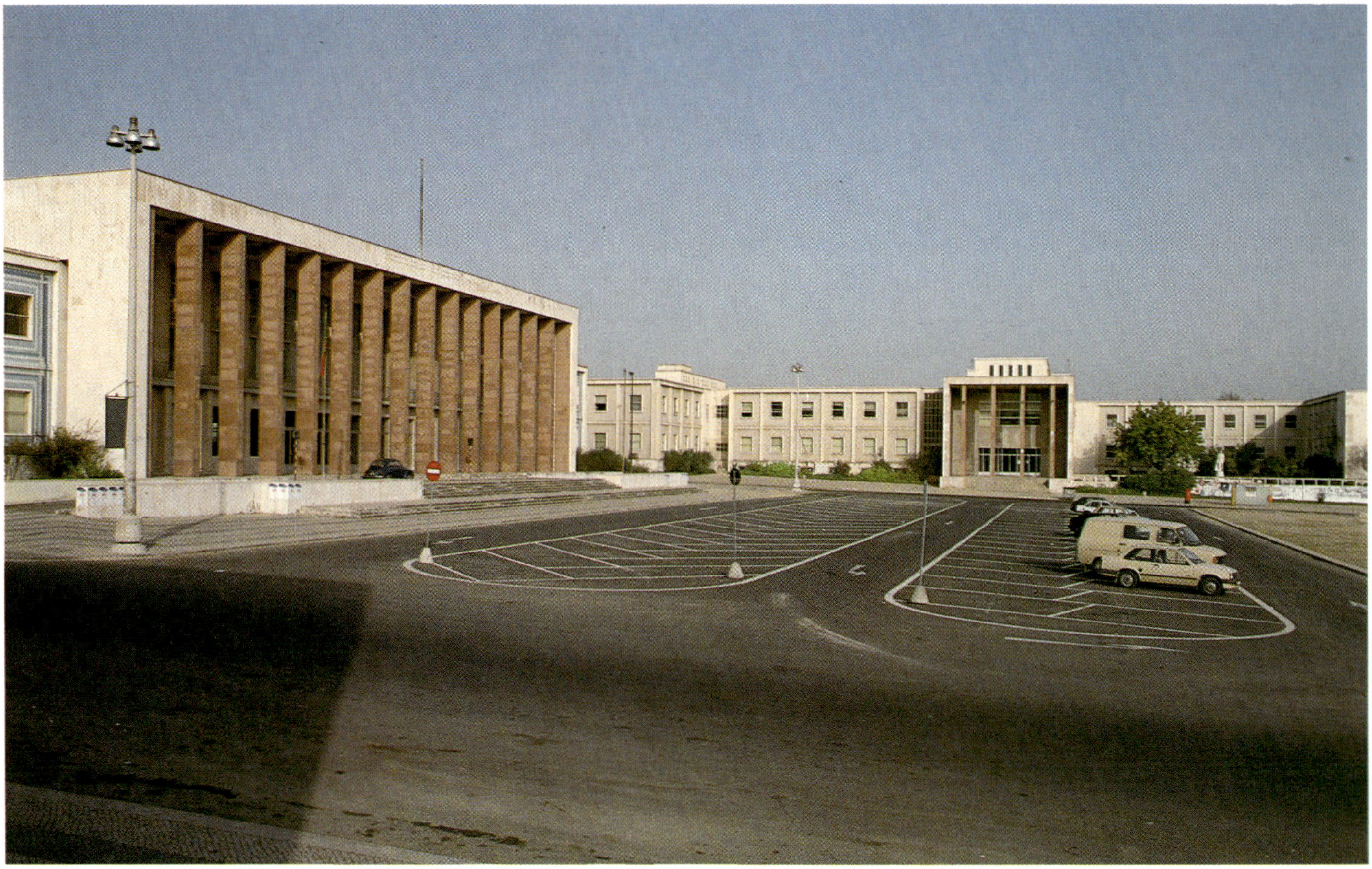

Em cima: aspecto da Alameda da Universidade; *ao lado:* novas construções na cidade
Above: *View of the approach to the University:* At the side: *New building works in the city*

Entretanto, também o Campo Grande, que terá sido na origem um tímido arremedo do *Bois* parisiense em miniatura, foi ao mesmo tempo valorizado e descaracterizado pelos novos bairros e construções de porte que foram crescendo à sua ilharga — Alvalade, a Cidade Universitária, a Biblioteca Nacional e dentro em pouco a nova Torre do Tombo. É ainda, porém, um amável risco verde na cidade e com seu lago pacífico um logradouro de passeio e repouso. Pela sua pista, que até já serviu, muitos anos atrás, para treinos e competições de ciclismo e automobilismo, escoa-se a qualquer hora do dia o moroso tráfego que se dirige ou pela antiga 2.ª Circular, hoje Avenida General Norton de Matos, a Benfica e seus novos bairros; ou pela já clássica Alameda das Linhas de Torres, às recentes zonas residenciais do Lumiar e da Estrada da Torre; ou finalmente, à auto-estrada para Loures. À saída do velho Bairro do Lumiar, por tudo o que era a

but deprived of character by the new suburbs and big buildings springing up beside it — Alvalade, the University Town, the National Library, and now, very soon, the new Torre do Tombo Archives. It still is, however, a delightful strip of green in the city and with its peaceful lake is an invitation to sit quietly or stroll. Along the road that flanks it, a place that many years ago was used for cyclist and car competitions and training, runs the traffic heading for the 2nd ring road, now called Avenida General Norton de Matos, on the way to Benfica and its new zones, or else towards the classical Alameda das Linhas de Torres, towards the new residential zones of Lumiar and Estrada da Torre, or, finally to the motorway to Loures. At the exit from the old quarter of Lumiar, over the whole of what was the former Ameixoeira, once an area of country houses and gardens almost concealed from Lisbon though so close, or along the

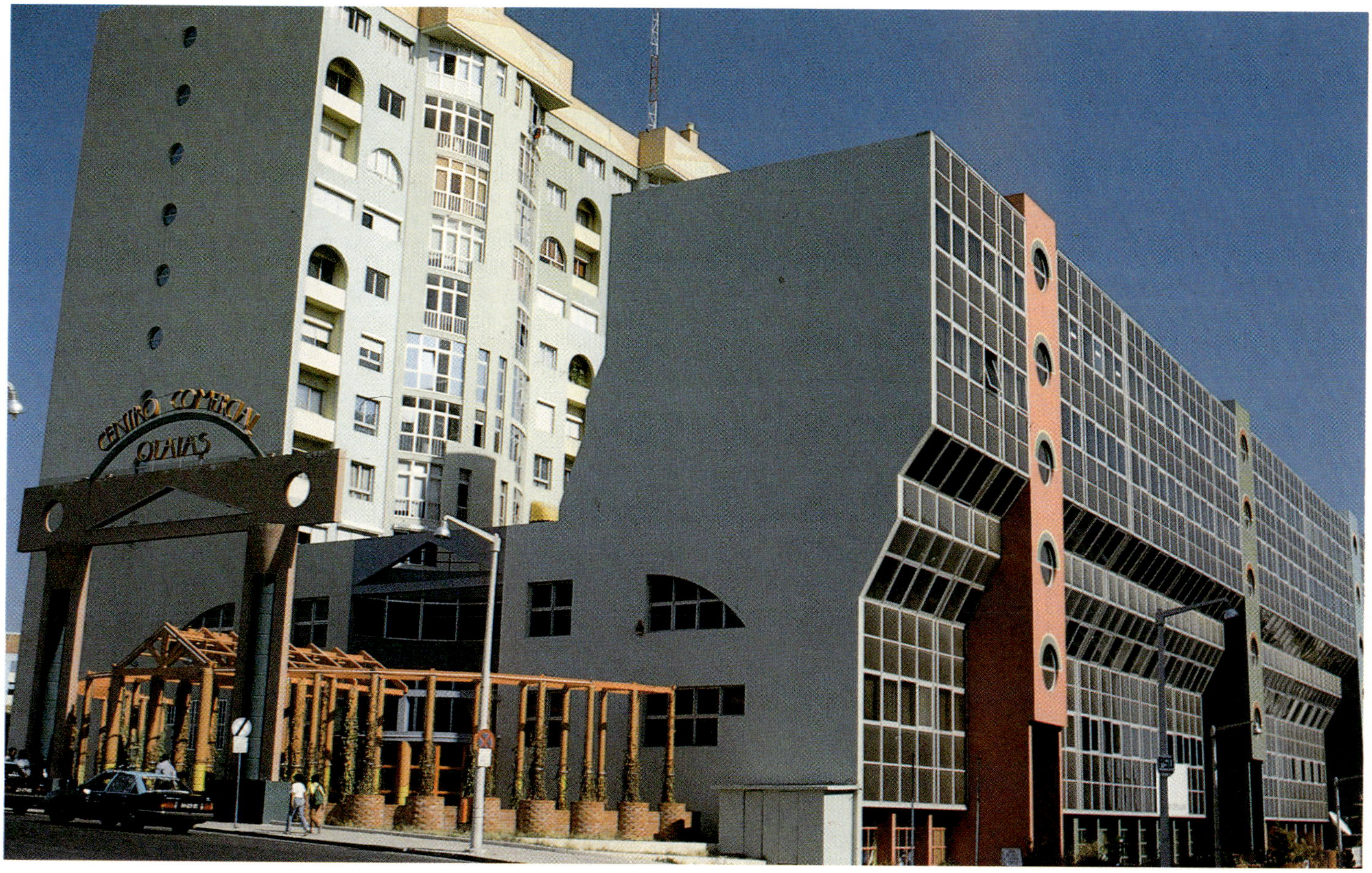
CENTRO COMERCIAL
OLAIAS

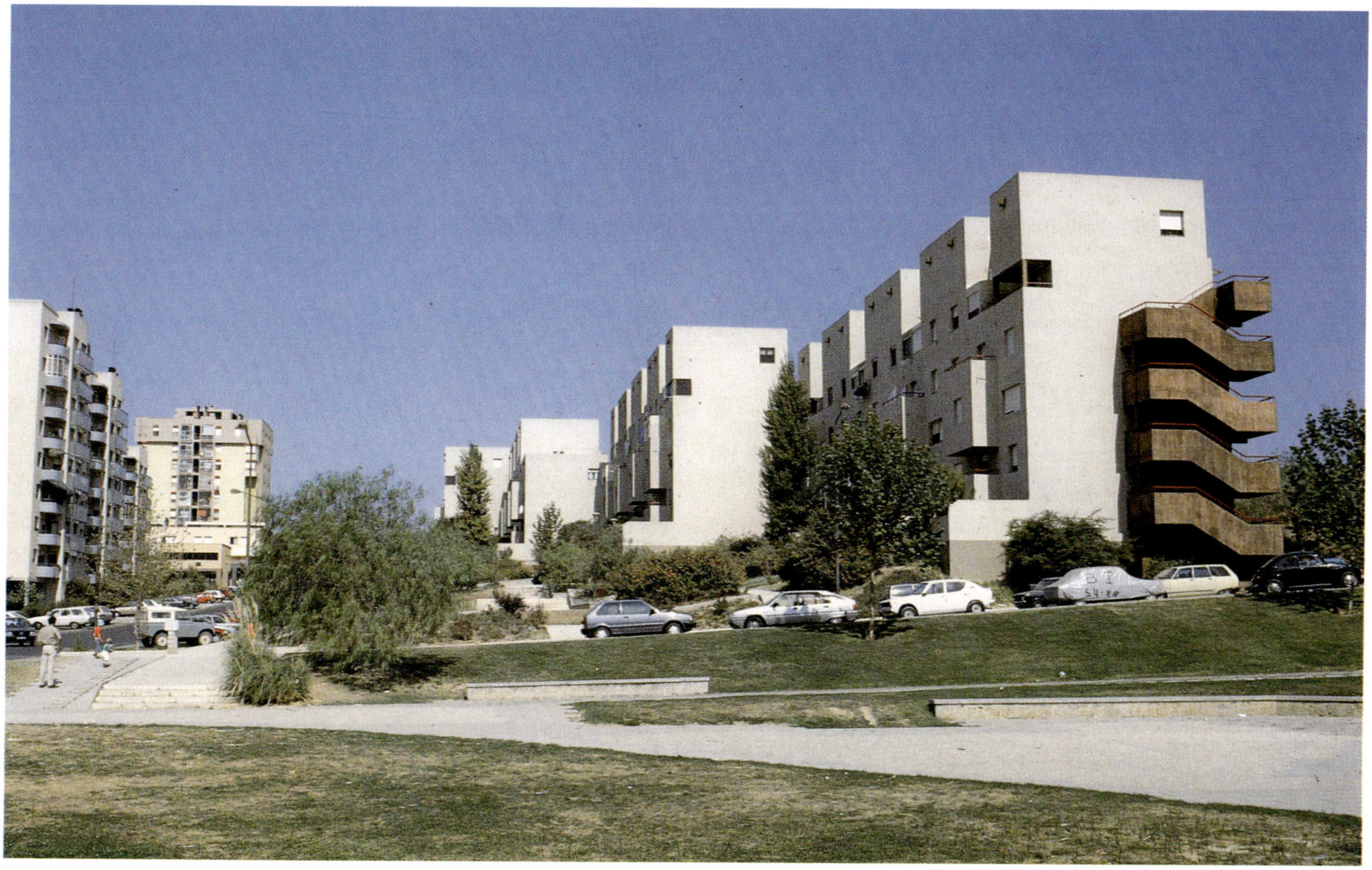

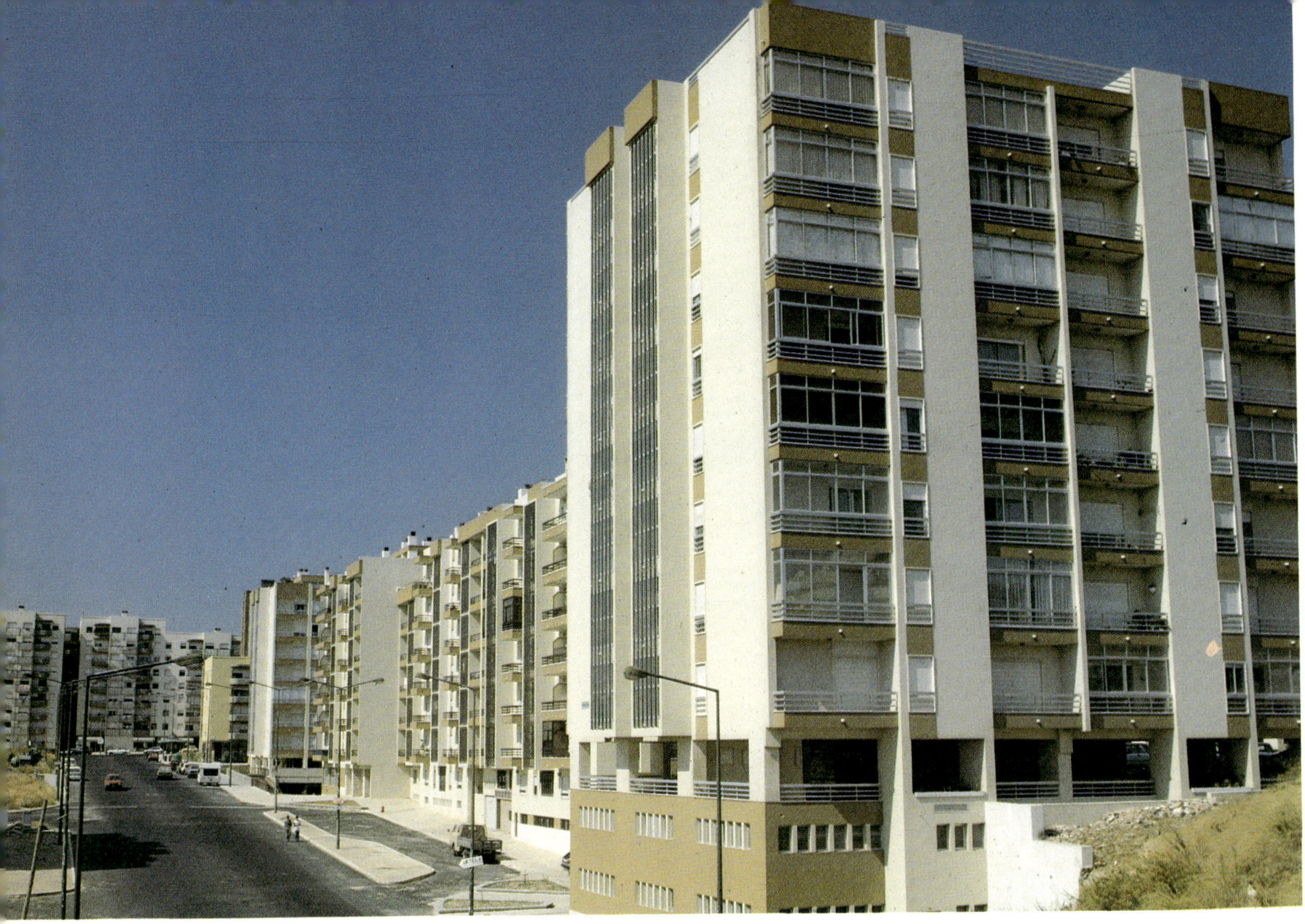

Velhas quintas de recreio ou cultivo vão dando lugar a novas zonas habitacionais
Old country estates or farms are giving way to new housing zones

antiga Ameixoeira então de solares e jardins como que escondidos de Lisboa e, afinal, tão perto, ou pela Calçada de Carriche dos «Retiros» boémios do passado, na impunidade de um «fora de portas» propício, estendem-se hoje bairros residenciais aos quais não falta certa alegria soalheira, porventura lembrados ainda, aqueles sítios, do que fora até não há muito tempo as portas de entrada para a região saloia que alimentava a capital. E voltando ao termo do Campo Grande, a referida 2.ª Circular para Benfica, desembocando na estrada do mesmo nome, logo nos encaminha para um recente bairro residencial e comercial do qual é paradigmático o Centro Comercial da Fonte Nova e que se estende por terrenos onde até há pouco eram campos, senão desertos, só muito dificilmente acessíveis. Como uma estrela de várias pontas, o antigo Bairro de Benfica dispara hoje o seu crescimento até onde, por en-

Calçada de Carriche of the bohemian 'retreats' of the past, there now stretch new residential zones that do not lack a certain sunny cheer, perchance recalling those places which until a short time ago were the threshold of the 'Saloio' countryside that fed the Capital.
Returning to the end of the Campo Grande park, if we take that 2nd ring road it brings us to Estrada de Benfica and a recent residential and commercial zone of which the Fonte Nova Shopping Centre is paradigmatic and which stretches over land where were recently fields, or nothing, and difficult of access. Like a star of many points, the old suburb of Benfica now shoots out its growth where, for the moment, it is able to do so. It remains to be seen whether the evident preoccupation with streets and functionally designed buildings will be antidote enough to the habitual exaggerations of a building industry that is relati-

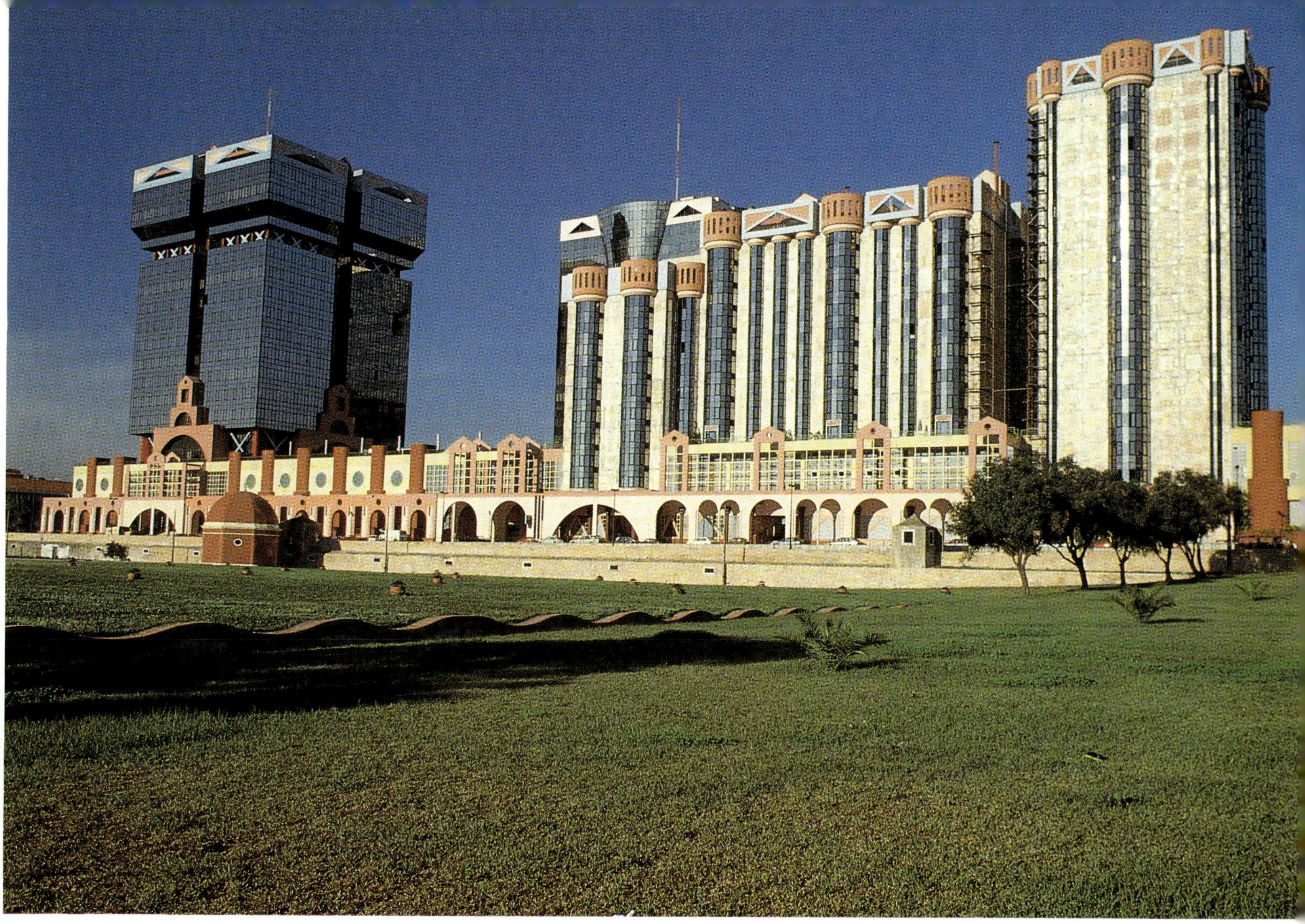

O conjunto das Amoreiras, a mais polémica construção lisboeta dos últimos decénios
The Amoreiras complex, the most controversial construction in Lisbon of the last few decades

quanto, pode chegar. Resta saber se a evidente preocupação de arruamentos largos e de prédios funcionalmente concebidos será antídoto bastante para os habituais exageros de uma construção civil em relativa liberdade. Quando se plantou o Parque de Monsanto com seus acessos às saídas de Lisboa e, portanto, aos arrabaldes ontem, já se previa, decerto, o desenvolvimento futuro desta área, hoje de tanta densidade populacional, planeada já com vistas largas. E pelas estradas do Parque se atinge assim o Bairro do Restelo que sendo como espaço residencial urbano relativamente recente (herdeiro dos pergaminhos diplomáticos do antigo snobismo selectivo da Lapa) é, afinal, o de maior importância histórica de Lisboa, aquele em que a cidade pode considerar-se monumental. Tudo se associou para isso, os desígnios da Providência, a vontade do homem e a vocação do povo português. Os

vely free to act as it likes. When the Monsanto Park was planted with trees and given accesses to the outlets from Lisboa and, therefore, to the outskirts of yesterday, the future development of this area, now so densely populated, was certainly foreseen and the area was planned with vision. It is by the roads of the Monsanto Park that one reaches the suburb of Restelo which, though it is a relatively recent residential area (heir to the diplomatic parchments of the former snobbery of Lapa), is in fact of the greatest historical importance for Lisbon, an area in which the town can be considered monumental. Everything has combined to this end, the designs of Providence, the will of man and the vocation of the Portuguese people. Historians of Lisbon remind us that «it was undoubtedly Dom Manuel I who gave life to the hamlet of Belém, then part of the Royal domain of Algés, not only through the works

estudiosos de Lisboa lembram que «foi sem dúvida D. Manuel I quem deu alento ao sítio de Belém, integrado então no reguengo de Algés, não só com as obras do convento como também com a doação de quase todas as terras daquele lugar para edificações», a nascente e poente, de norte a sul, o convento possuía terras, não só de semeadura como até de pastagem. D. João III autorizou que os rebanhos de carneiros pertencentes ao convento pastassem em meia légua em redor deste. Efectivamente, a construção do mosteiro e do templo seria o ponto de partida para o povoamento e habitabilidade do bairro, pois os que nela trabalhavam foram por ali construindo suas casas. O Mosteiro de Santa Maria dos Jerónimos, a Torre de Belém, a Praça do Império e o Tejo são, na verdade, motivos indissociáveis; entre si se completam. Lançada a primeira pedra do Mosteiro em 1502, à beira de água, sobre a então praia do Restelo, para comemorar a partida das naus de Vasco da Gama, cinco anos antes, para a Índia, levaria 14 anos a erguer. Recebendo as heranças do estilo gótico e as primeiras influências do Renascimento, a originalidade do manuelino está no seu barroquismo recebido já, e sobretudo, no pórtico, motivos ornamentais, temas religiosos, náuticos ou até da fauna e flora exóticos, inspirados nos Descobrimentos. Considerada obra exemplar do ponto de vista artístico e técnico, o Mosteiro dos Jerónimos tem sido estudado sob este duplo aspecto e é vasta, como se sabe, a literatura elucidativa da sua importância. Os entendidos ressaltam, por exemplo, entre muitos outros pormenores originais que o pórtico semelha a abertura de uma gruta marítima, que a abóbada do templo foi na época a mais arrojada construção no seu género e que o claustro, como, aliás, o altar-mor, evidencia diferentes estilos que por ali foram deixando as suas marcas. Talvez seja este, também, um dos muitos motivos de reflexão que Lisboa nos oferece e dos quais o nosso «manuelino» dá exemplos

for constructing the Convent but also by donating nearly all the land of that place for building. To east and west, from north to south, the Convent possessed land, not only for crops but also for pasture. Dom João III gave permission for flocks of sheep belonging to the Convent to graze up to half a league round it». In effect, construction of the monastery and church was the starting point for the zone to be settled and become habitable because those who worked on the construction also built their houses there. The Monastery of Santa Maria dos Jerónimos, the Belém Tower, Praça do Império and the Tagus are, indeed, indissociable motifs and complete one another. The first stone of the Abbey was laid in 1502, by the river and on what was then Restelo beach, in order to commemorate the departure of the ships of Vasco da Gama for India, five years before. It took 14 years to complete. Receiving the heritage of the Gothic and the first influence of the Renaissance, the originality of the Manueline lies in its Baroqueness, incorporating as it does, particularly in the doorway, ornamentation, religious themes and nautical or even exotic fauna and flora, motifs inspired by the Discoveries. Considered to be an exemplary work from an artistic and technical point of view, Jerónimos Abbey has been studied in this twofold aspect and, of course, the literature explaining its importance is considerable. The experts point out, for example, among other original details, that the doorway resembles the entrance to a sea cave, that the vault of the church was at the time the most daring construction of its kind; the cloister and also, in fact, the chancel reveal different styles that left their traces in them through the years. It may be that this is another of the motives for reflection that Lisbon offers us and among which our 'Manueline' provides expressive examples. One should observe the two-light window that belonged to Jerónimos and is now in the Carmo Archaeo-

Em Belém, o velho Mosteiro de St.ª Maria (Jerónimos)

Belém, the old Monastery of Santa Maria (Jerónimos)

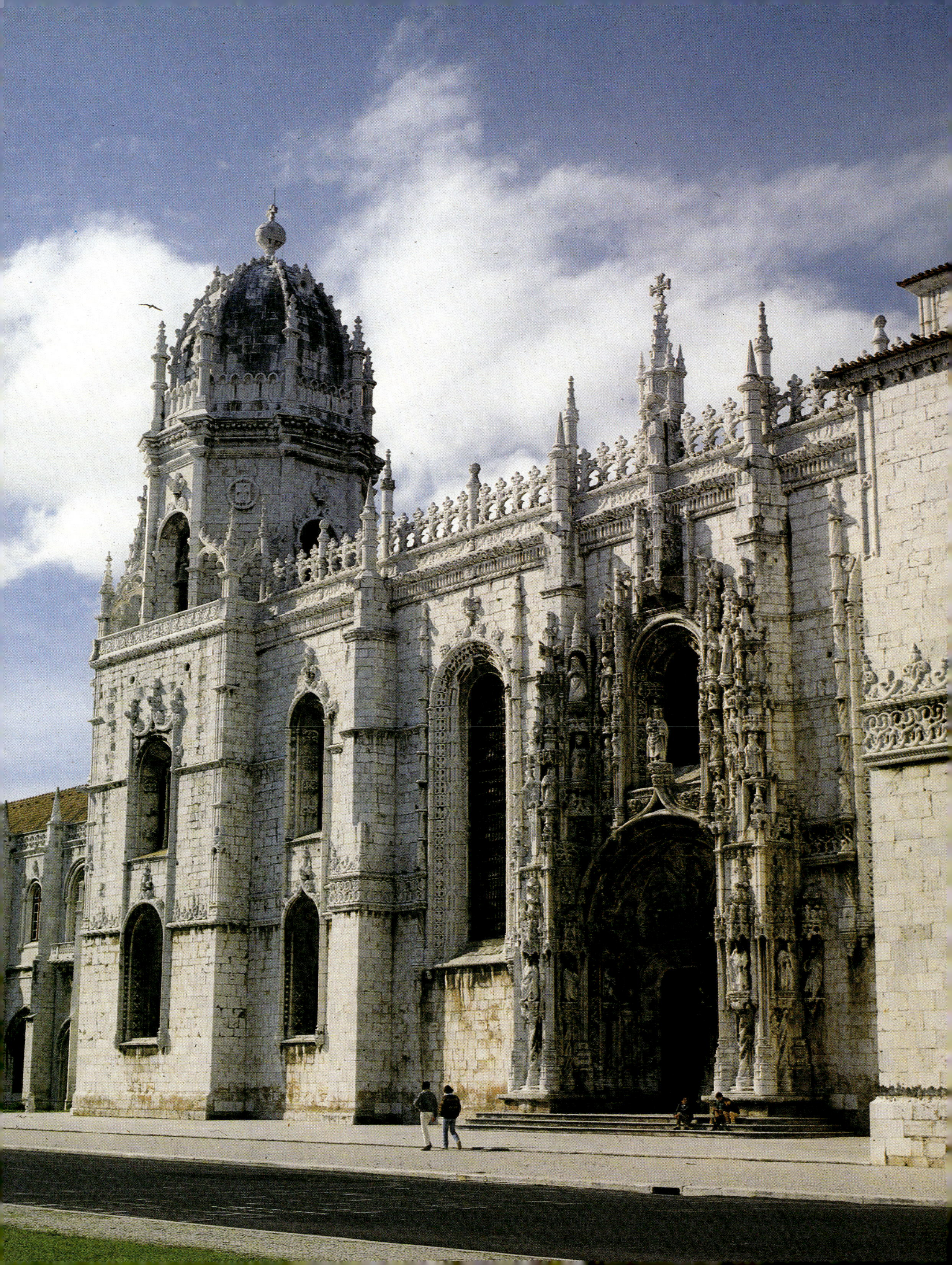

expressivos: observe-se a janela geminada que pertenceu aos Jerónimos e está hoje no Museu Arqueológico do Carmo; o portal manuelino da Igreja da Conceição Velha e que o terramoto de 1755 deixou ilesa, tal como o portal da Igreja da Madalena, em local tão ferido como foi aquela zona de Lisboa. Tudo exemplos que o tempo conservou de uma época e de um estilo que não ficaram confinados ao Mosteiro de Belém, à sua grandeza e à sua lição, antes se prolongaram pelo País e pela cidade antiga e que hoje são matéria de estudo histórico e artístico. Tudo, afinal, a lembrar que a exigência de crescimento e de modernização das grandes cidades impõe, simultaneamente, a preservação cuidada não só dos grandes monumentos mas também de igrejas e edifícios e até de pequenos recantos que definam uma época ou um estilo. A arte religiosa em Portugal não seria por exemplo bem mais pobre sem a janela do Convento de Cristo, em Tomar?

logical Museum; the Manueline doorway of Conceição Velha Church, left unharmed by the 1755 earthquake, or the portal of Madalena Church, in a place as badly damaged as was that zone of Lisbon. All are examples that time has preserved from a epoch and in a style, but they have not been confined to Jerónimos, to its grandeur and its lesson, but are rather prolonged through the country and the old town and nowadays are a matter of historical and artistic studies. Everything, in fact, reminds us that the requirements as regards growth and modernization of big cities demand that not only great monuments be carefully preserved, but also churches and buildings and even little corners that may define an epoch or a style. For example, how much poorer would religious art in Portugal be without the window of the Convent of Christ, at Tomar. Fortunately the Jerónimos zone, down by the river — of which the Praça do Império and its garden

No conjunto monumental de Belém, dois monumentos marcantes: o Padrão dos Descobrimentos e a Torre de Belém

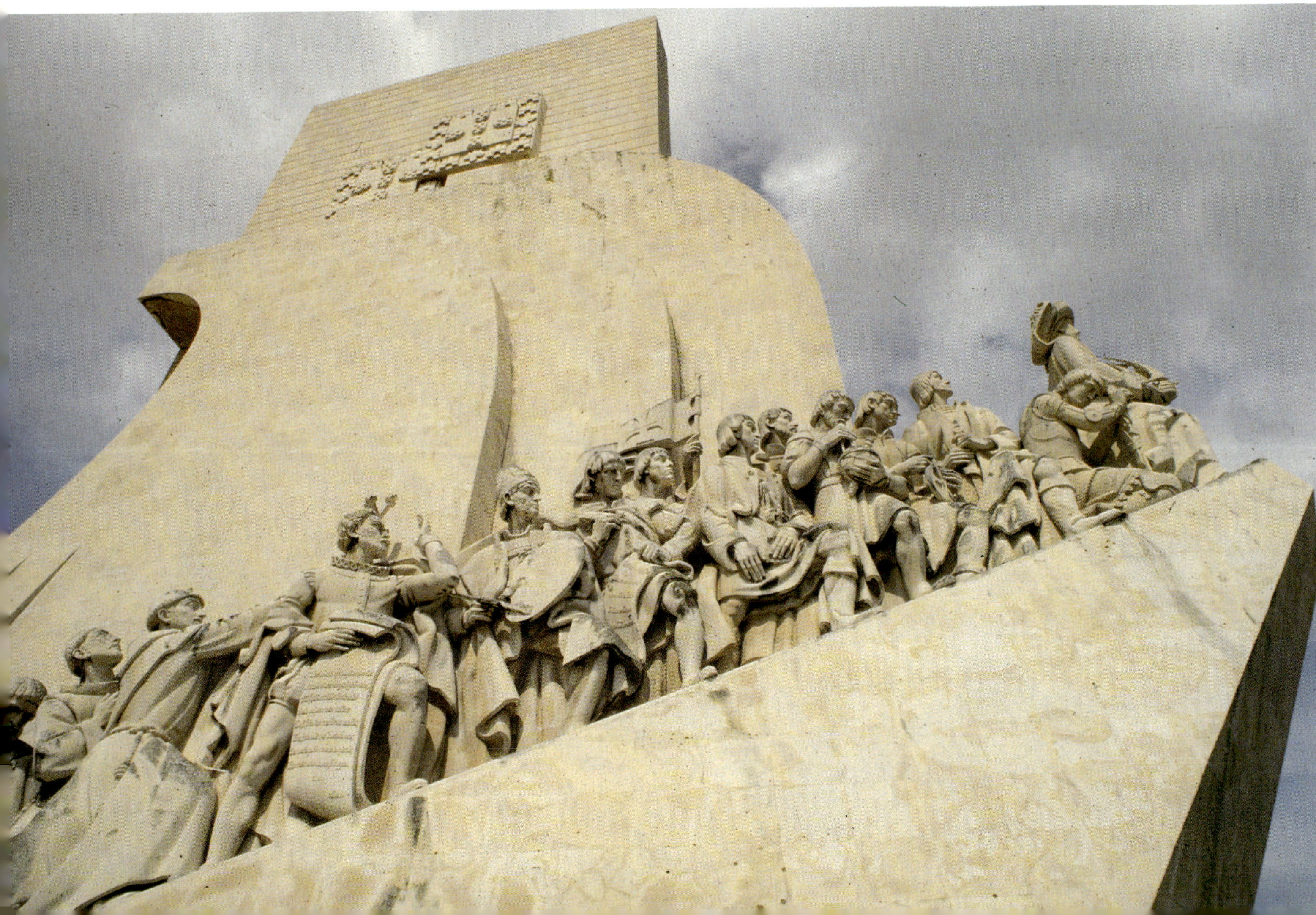

Felizmente que a zona dos Jerónimos na margem ribeirinha — e da qual a Praça do Império com seu ajardinamento, sua rosa-dos-ventos, seu lago luminoso e o Padrão dos Descobrimentos é ao mesmo tempo limiar, logradouro, complemento, evocação para muitos, ainda, da Exposição do Mundo Português, de 1940 — tem — por enquanto! — resistido com brio aos inevitáveis ímpetos de modernização a qualquer preço. Por ali acima, a encosta do Restelo viu nascer em poucas décadas um bairro residencial de concepção muito equilibrada e sóbria, como seria devido e no início do qual o edifício do antigo Ministério do Ultramar, hoje do Estado-Maior-General das Forças Armadas, é um feliz exemplo em seu discreto simbolismo de proa feita à barra. Mais para cima, os jardins do Centro Helen Keller e a urbanização residencial próxima, afectada embora pela desmesura das torres novas-ricas lá no topo; e ainda o clube de ténis e de modo

and illuminated pond, the Monument to the Discoveries and its wind rose are both a threshold and place of leisure, complementary to it, an evocation for many people of the Exhibition of the Portuguese World in 1940 — has courageously withstood the inevitable impetus of modernization-at-any-price. Up on the hill slope of Restelo there arose in a few decades a residential suburb of very balanced and sober design, as was proper, and at the beginning of which the building of the former Overseas Ministry, now General Headquarters of the Armed Forces, is a happy example in its discreet symbolism of a ship's bow crossing the bar. Further up are the garden of the Helen Keller Centre and a residential zone, the latter spoilt by the exaggerated 'nouveau riche' towers at the top; the tennis club and streets which nearly all descend do the Belenenses Stadium or come out in the Avenida Torre de Belém. Raul Proença,

In the monumental ensemble of Belém, two landmarks: the Monument to the Discoveries and Belém Tower

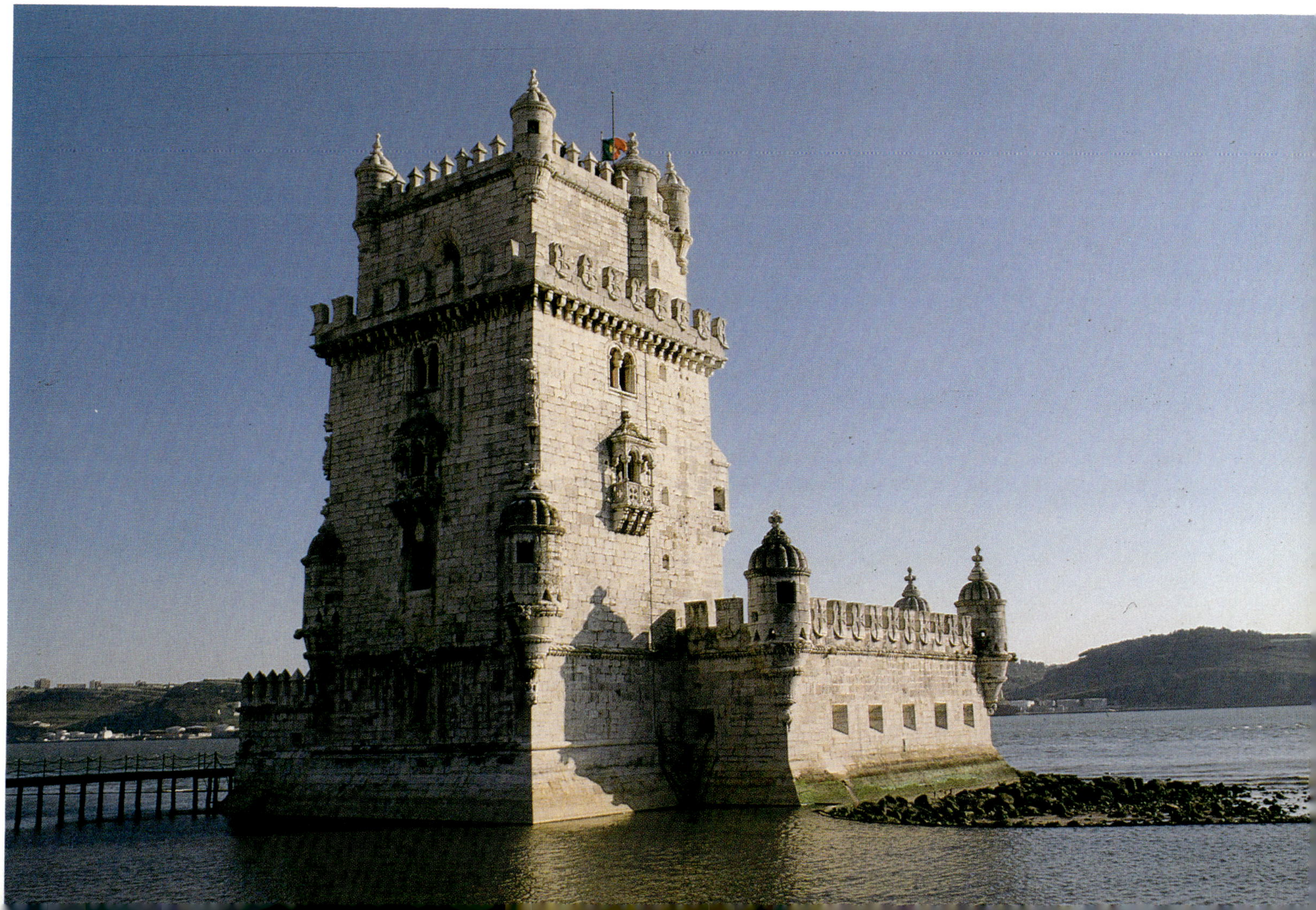

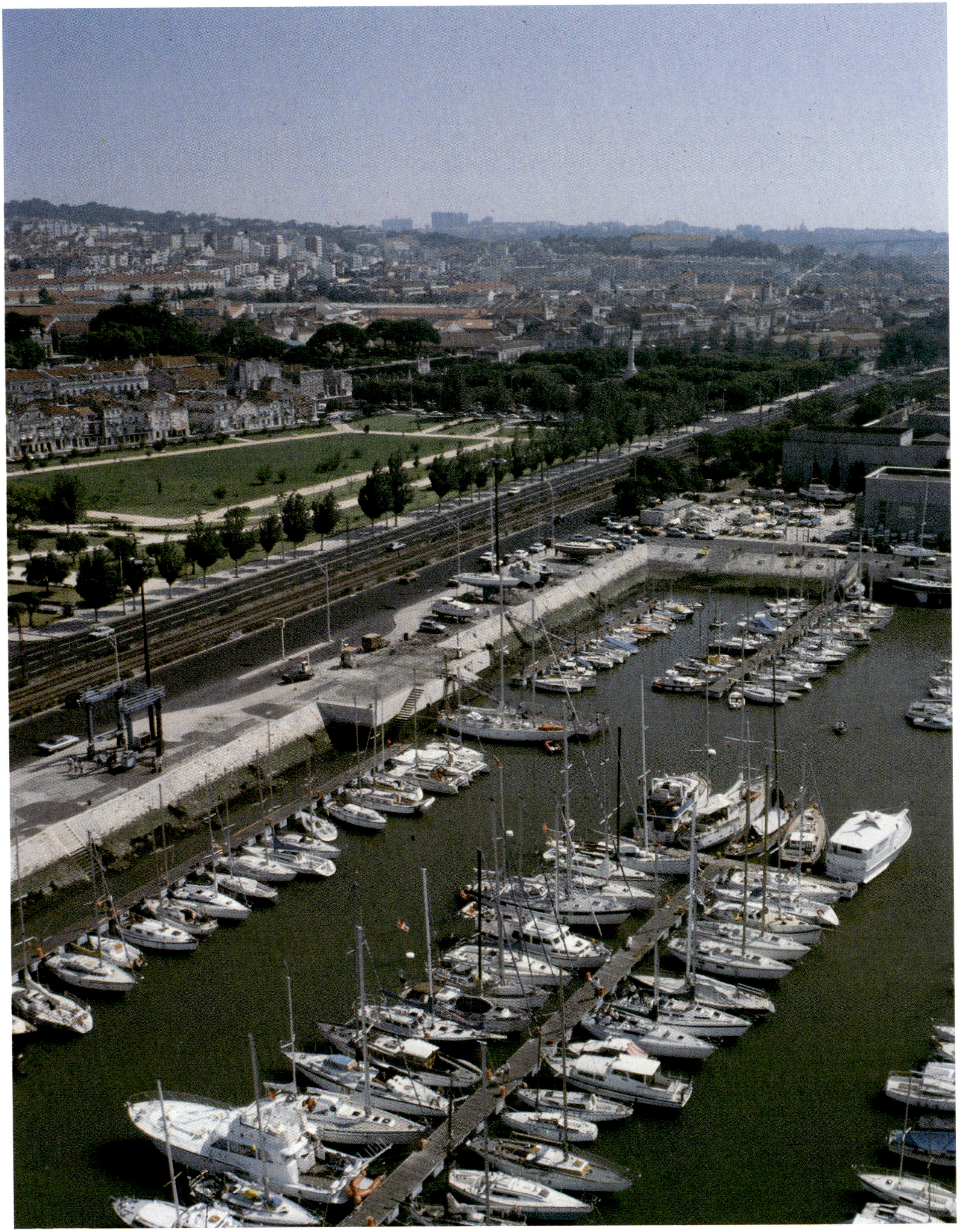

geral todos os arruamentos residenciais que descem para o estádio do Belenenses ou desembocam na Avenida da Torre de Belém. E Raul Proença, no seu já citado *Guia de Portugal:* «Livre de qualquer influência espanhola, francesa ou italiana, Francisco de Arruda reflecte o que a metrópole lhe ensinara das tradições nacionais e o que Marrocos lhe sugeriu das influências levantinas. E por isso esta torre é o símbolo por excelência da glória e da arte manuelina, pois que reflecte as duas correntes que dominaram o seu tempo — a força da tradição e o sonho da expansão.» A Torre de Belém foi construída de 1515 a 1521, por ordem de D. Manuel I, embora a iniciativa tivesse pertencido a D. João II, vinte anos mais cedo. A torre estava praticamente dentro de água. Conta Damião de Góis em *Lisboa Quinhentista* ligando-a à construção dos Jerónimos: «Na parte fronteira do templo levanta-se

in his book Guia de Portugal, *which I have already mentioned, says: «Free of any Spanish, French or Italian influence, Francisco de Arruda reflects what the Metropolis had taught him of national traditions and what Morocco suggested to him of Levantine influence. And so this Tower is the symbol,* par excellence, *of glory and of the Manueline art, for it reflects the two currents that dominated his times — the force of tradition and the dream of expansion». The Belém Tower was constructed between 1515 and 1521, by order of Dom Manuel I, although the initiative came from Dom João II, twenty years earlier. The Tower used to stand practically in the river. Damião de Góis, in* Lisboa Quinhentista, *connecting it with the construction of Jerónimos Abbey, says: «In the part opposite the temple is a tower of four floors, made of stonework, which Dom Manuel ordered to be erected on*

Ao lado: em Belém, uma das docas dos barcos de recreio. *Em baixo:* a Praça do Império
At the side: *Belém, one of the yacht basins;* below: *Praça do Império*

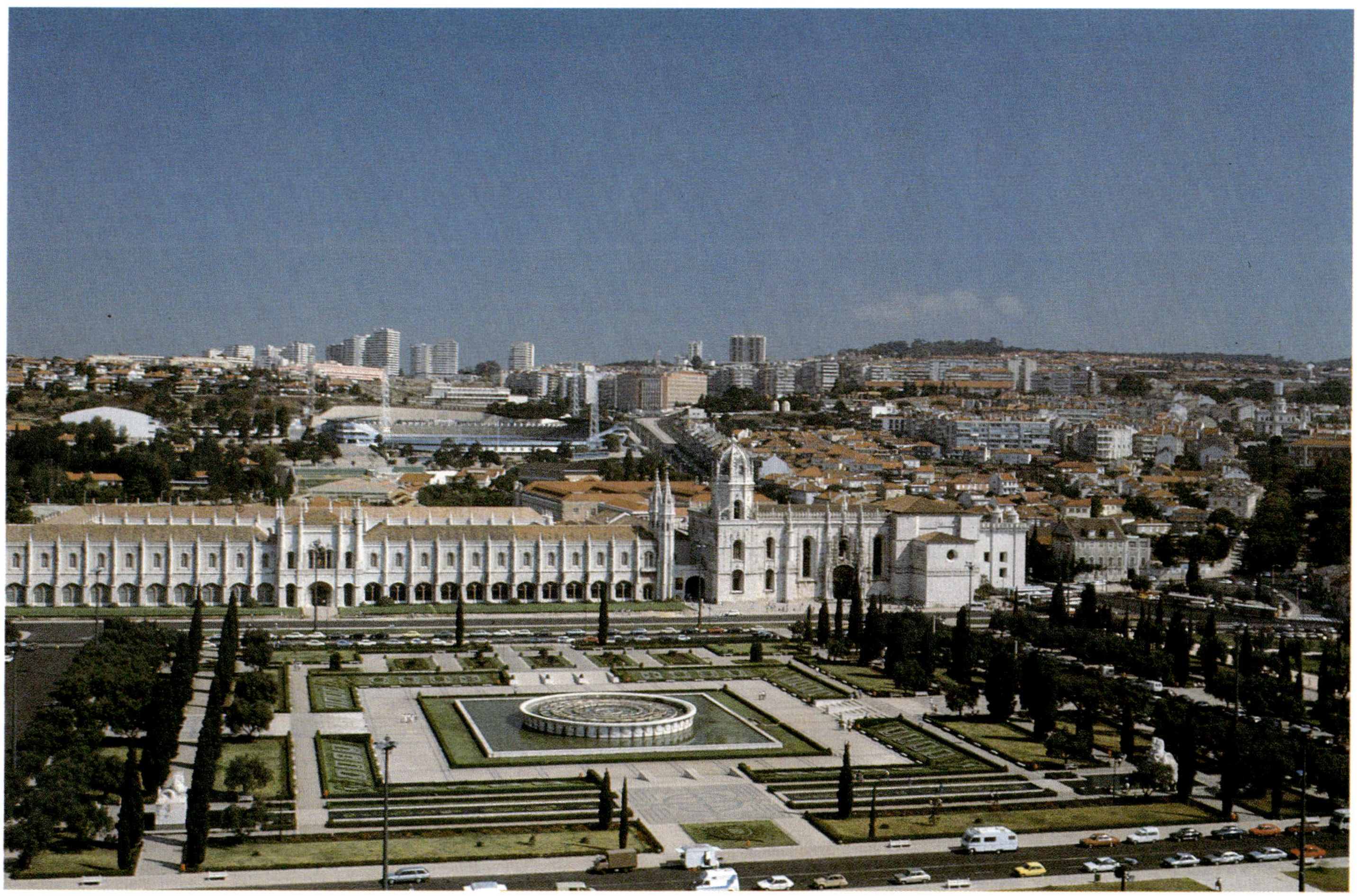

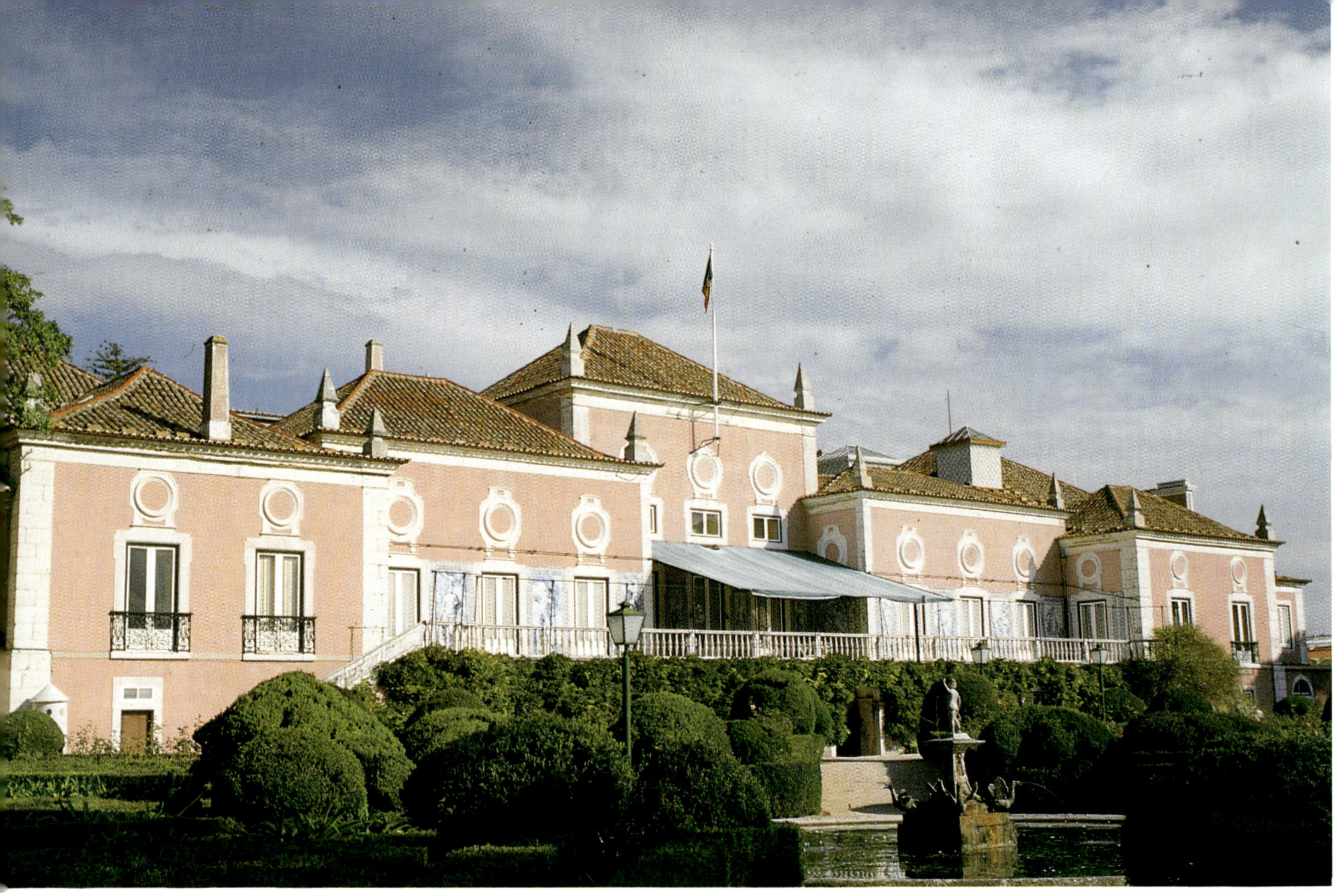

Belém: o Palácio Presidencial
Belém: the Presidential Palace

uma torre de quatro andares, feita de cantaria, que Dom Manuel mandou edificar sobre rochas lançadas no mar, de maneira que, cercada de água por todos os lados, ficasse mais segura contra qualquer violência e ataque súbito dos inimigos; nem os navios poderiam aproximar-se da capital se os que estavam de guarda na torre não consentissem...»

Hoje, os que visitam as exposições, em geral de carácter histórico, que ali se efectuam e admiram as suas abóbadas de cruzaria com os emblemas reais, ou se debruçam sobre o Tejo nos seus varandins emoldurados por calabres de pedra, extasiando-se, legitimamente, por uma obra-prima, de lavor em pedra, não se lembram ou ignoram que os porões da Torre de S. Vicente já foram paiol de pólvora e, sobretudo, cárcere político pelo qual passaram, em diferentes épocas remotas, milhares de presos. E é melhor assim, a Torre «com o deslocamento progressivo do curso do rio para o sul

rocks thrown in the sea, in such a way that, surrounded by water on all sides, it would be more secure against any violence and sudden attack from the enemy; nor would ships be able to approach the Capital unless those on guard in the Tower gave their consent...» Nowadays, those who visit the exhibitions, usually of an historical kind, that are held in it, admiring its ogival arches with the Royal emblems or gazing out over the Tagus from the verandas framed with ropes sculpted in stone, legitimately marvelling at a masterpiece in stone, forget or do not know that the cellars of this Torre de São Vicente were once a powder magazine and, above all, a political prison that housed, in various distant epochs, thousands of prisoners. And it is better so. The Tower today is disconnected from the water, «owing to the steady displacement of the river to the south it has slowly become surrounded by a belt of sand...». It seems to sit on the edge

foi-a a pouco e pouco envolvendo uma faixa de areia...» — parece sentada à beira do Tejo, como que descansando de um longo e por vezes dramático passado.

Ainda Júlio de Castilho. No final do seu livro *O Bairro Alto de Lisboa*, Júlio de Castilho não resistiu a futurar: «Lisboa tende a crescer enormemente para o lado da Barra. Belém há-de vir a ser (se o não é já) um arredor do Chiado; as comunicações fáceis hão-de perfazer essa inverosímil junção...» Prevê, depois, o desenvolvimento futuro da Cova da Moura, dos terrenos de Buenos Aires, das quintas de Alcântara. Não se enganou.

Ia correndo o ano de 1879 e ele já podia referir a Avenida da Liberdade, então em projecto, e as Avenidas Novas: «Os *boulevards* que se projectam, a Avenida da Liberdade e outras, cortarão como raios de uma grande estrela os arrabaldes em todas as direcções.» Não se enganou. Aos que poderiam recear que o desenvolvimento da capital afectasse os bairros tradicionais, ele tranquilizava: «Assim, pois,

---

of the Tagus, resting from its erstwhile task of sentinel.

Once again to quote Júlio de Castilho, at the end of his book O Bairro Alto de Lisboa he dared to foresee that «Lisbon tends to grow at a great pace towards the Bar. Belém will one day be (if it is not already) an extension of Chiado: easy communications will bring about that improbable junction...» He then forecasts the future development of Cova da Moura, the land by Rua Buenos Aires, the properties at Alcântara. He was not wrong.

That was in 1879 and he could already refer to the Avenida da Liberdade, then being planned, and the 'Avenidas Novas': «The boulevards that are being projected, Avenida da Liberdade and others, will cut like the rays of a great star through the suburbs in all directions». He was

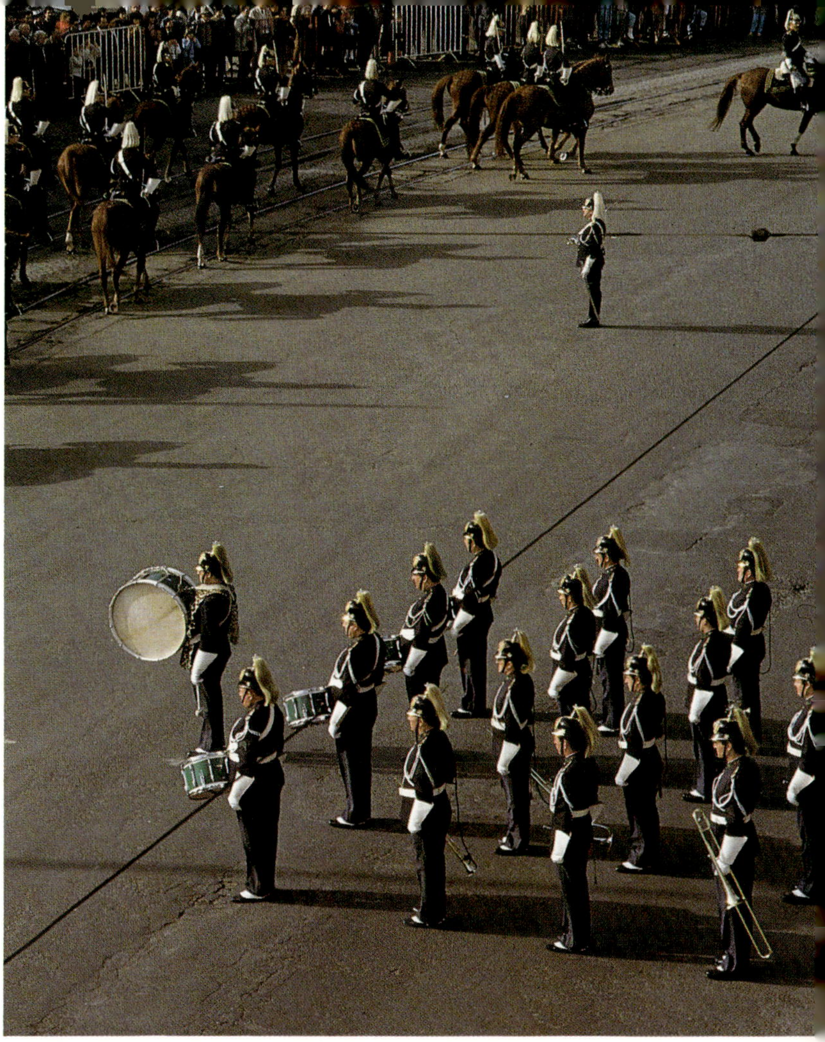

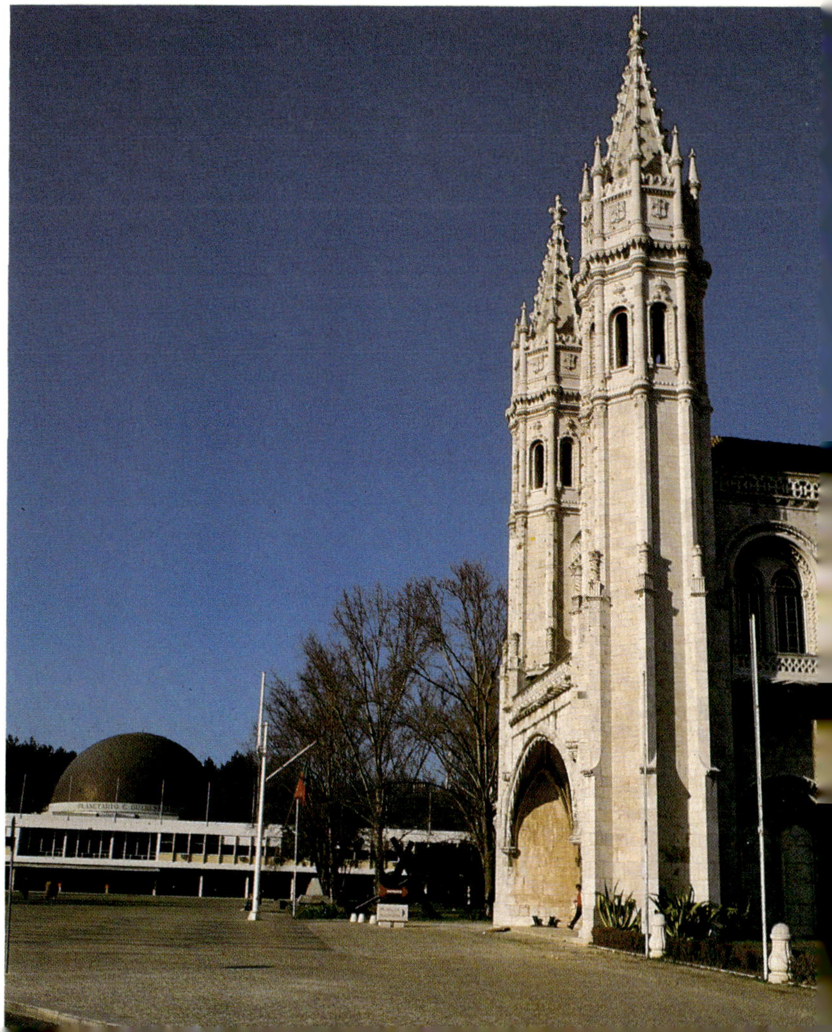

Belém: o render da guarda ao palácio; *em baixo:* o Museu da Marinha e o Planetário Gulbenkian

Belém: the Changing of the Guard at the Presidential Palace; below: *the Marine Museum and Gulbenkian Planetarium*

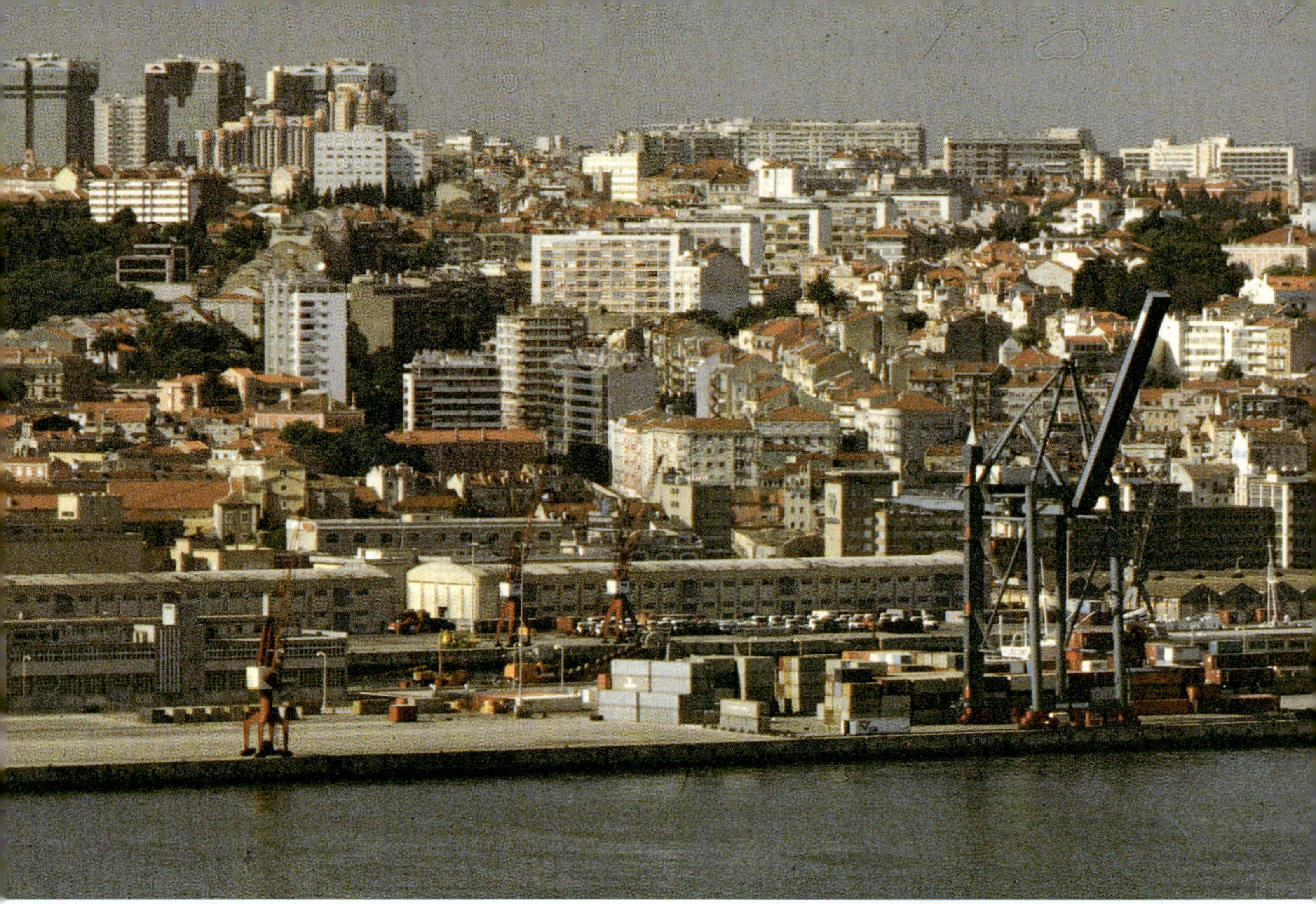

ao passo que os núcleos comerciais de Lisboa se acheguem da Barra, se irmanem com o serviçalíssimo Tejo hão-de por acaso o Bairro Alto de hoje e suas imediações ir definhando à míngua de alimento? Aconteceu isso aos morros orientais, aos povoadíssimos sítios que foram berço da corte; aconteceu-lhes passar de serem corte a serem aldeia, de serem a sede e o foco da história viva a serem o museu da história morta; mas porquê? Porque até aqui Lisboa não tinha a força expansiva que vai tendo.» E ainda: «De ora avante não será assim. Lisboa há-de irradiar a sua actividade acrescida progressivamente e ao passo que fundar bairros novos desde o alicerce há-de renovar o sulco vital dos bairros velhos...» Não se enganou, somente o futuro não deslocou o comércio para as margens do Tejo. Também não se enganou quando visionando, por exemplo, o desenvolvimento de Lisboa, a construção de novos bairros, de casaria moderna, de grandes hotéis «sumptuosos e de gosto eclé-

right. He allayed the fears of those who worried that the development of the Capital might affect the traditional quarters: «And so, as the commercial nuclei of Lisbon approach the Bar and join hands with the very serviceable Tagus, will by any chance the Bairro Alto of today and its neighbourhood fade away from lack of nutrition? This happened with the hills in the east of the town, the densely populated places that were the cradle of the Court, they ceased being Court and became villages, from being the seat and focus of living history turned into the museum of dead history; and why? Because until then Lisbon did not have the force of expansion that it was later to have.» And he continues: «Henceforward it will not be so. Lisbon will be irradiating its increased activity progressively and as it creates new districts from the foundations it will renew the vitality of the old quarters...» He was not wrong, only the future did not move commerce to the banks of the Tagus. Nor was he

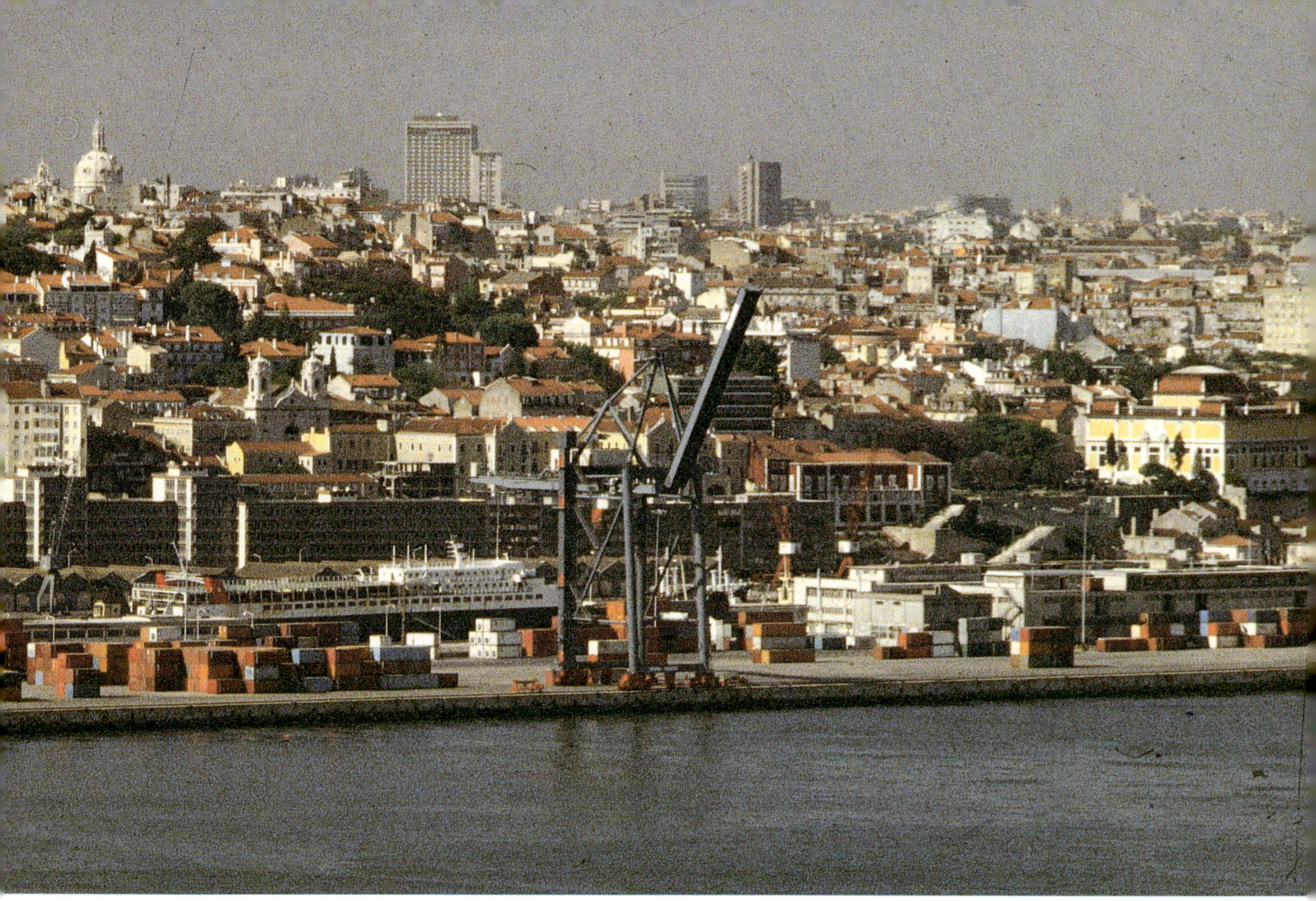

tico», o crescimento de bairros residenciais sobre o rio — e, neste saboroso trecho, uma espécie de Avenida da Índia actual, bem mais longa «Do Grillo a Pedrouços, por essa linha horizontal, há-de correr o tráfego mercantil em ponto grande, hão-de seguir apressados os veículos mais cómodos e elegantes; já se vê que não falo nos nossos melhores *coupés* nem nos nossos melhores *americanos:* tudo isso há-de chegar a ser antediluviano; refiro-me a uma invasão de carros que estão por nascer, uns belíssimos vagões de todos os tamanhos e feitios, particulares, de aluguel, de corda, a vapor, a electricidade, garbosos e serviçais como não podemos imaginar...»

Não se poderia imaginar, é certo, mas ele admitiu, em 1879, quatro anos antes do início das experiências com os motores de combustão interna, a invasão de «belíssimos vagões de todos os tamanhos e feitios...» E também não se enganou Júlio de Castilho, quando escreveu: «Ao acrescer deste modo em área, em lu-

in error when he foresaw, for example, the development of Lisbon, the construction of new suburbs, of modern houses, of great hotels, «sumptuous and of eclectic taste», the growth of residential areas on the river and, in this delightful passage, he predicts a kind of Avenida da India, but far longer than it is today: «From Grillo to Pedrouços, along this horizontal line, there will run a stream of mercantile traffic, there will be hurrying the most comfortable, elegant vehicles; of course I am not speaking of our best coupé and americanos: *they will all be antediluvian by then; I am referring to an invasion of cars that is about to occur, some most beautiful wagons of all sizes and forms, private, for hire, running on springs, by steam, electricity, elegant and serviceable beyond our imagination...»*
One could not imagine, to be sure, but he assumed, in 1879 and four years before the start of experiments with internal combustion engines, the invasion of «most beautiful wagons of

xo, em civilização, a capital portuguesa, hão-de obliterar-se-lhe algumas das suas feições mais pronunciadamente comarcãs, mantendo contudo o seu carácter nacional, que esse não se adultera assim...» Sábias palavras que o tempo haveria, até agora pelo menos, de confirmar. Bem se viu que nenhum bairro novo prejudicou os mais antigos, antes só a máscara de uma falsa modernização é que pode desfigurar o valor histórico destes; tal como os supermercados, centros comerciais e os recentíssimos hipermercados pouco ou nada afectaram as antigas mercearias de bairro, com sua democracia bem personalizada de balcão e freguesia certa; assim como as auto-estradas que vão riscando o País, aproximando povoações e escoando tráfego, também não afastam das velhas estradas, hoje mais tranquilas, quem vá de passeio ou de turismo sem horários. Mais tarde ou mais cedo há-de encontrar-se por toda a parte, nos países mais progressivos tanto quanto nos outros, o ponto de equilíbrio entre o passado a defender e o presente a melhorar. Onde, porém, Júlio de Castilho se enganou espectacularmente foi nas últimas linhas daquele parágrafo acima citado: «O que é certo é que ainda há muito a fazer para levantar a cidade do estado anacrónico em que se encontra em relação com os primeiros centros europeus e americanos; há muito que fazer, mas daqui *a três séculos há-de estar feito, espero.*» A verdade é que mesmo sem embandeirarmos com todas as características do processo de desenvolvimento de Lisboa nas últimas décadas, tem de reconhecer-se que a velha capital procura ser cada vez mais digna de si própria e do seu passado; não há que ambicionar semelhanças ou paralelos com grandes metrópoles europeias e americanas, fazendo apenas disso a meta do seu progresso, mas em menos de um século Lisboa ganhou, sem dúvida, o direito de poder considerar-se ao nível delas.

all sizes and forms...» Nor was Júlio de Castilho wrong when he wrote: «In growing in this way in area, in luxury, in civilization, the Portuguese Capital will eliminate some of its more markedly provincial features, but will retain its national character, for that is not adulterated in this way...» Wise words that time was to confirm, at least up to now. It has been clear that no new part of the city has been prejudicial to the older parts; it is rather only the mask of a false modernization that can detract from the historical value of the latter, just as the supermarkets, shopping centres and the recent so-called 'hypermarkets' have hardly affected the old local grocers' shops, with their well personalized service and well established customers. Nor have the motorways that are cutting through the country, bringing villages closer and draining traffic, discouraged those who go out for a leisurely drive from using the old roads that are now far quieter. Sooner or later, everywhere, in both the more progressive countries and in the others, it will be necessary to strike a balance between the past that has to be defended and the present which needs to be improved. Where, however, Júlio de Castilhos was flagrantly in error was in the last lines of that paragraph I have mentioned: «What is certain is that a great deal remains to be done in order to raise the city from its anachronistic state, in comparison with the leading European and American centres; there is much to be done, but in three centuries it will be done, I expect» *The fact is that even without boasting of Lisbon's development in recent decades, it must be recognised that this old Capital is becoming more and more worthy of itself and its past. It is not necessary to try ambitiously to make comparisons with big European and American metropoles, but in less than one century Lisbon has undoubtedly earned the right to consider itself on a level with them.*

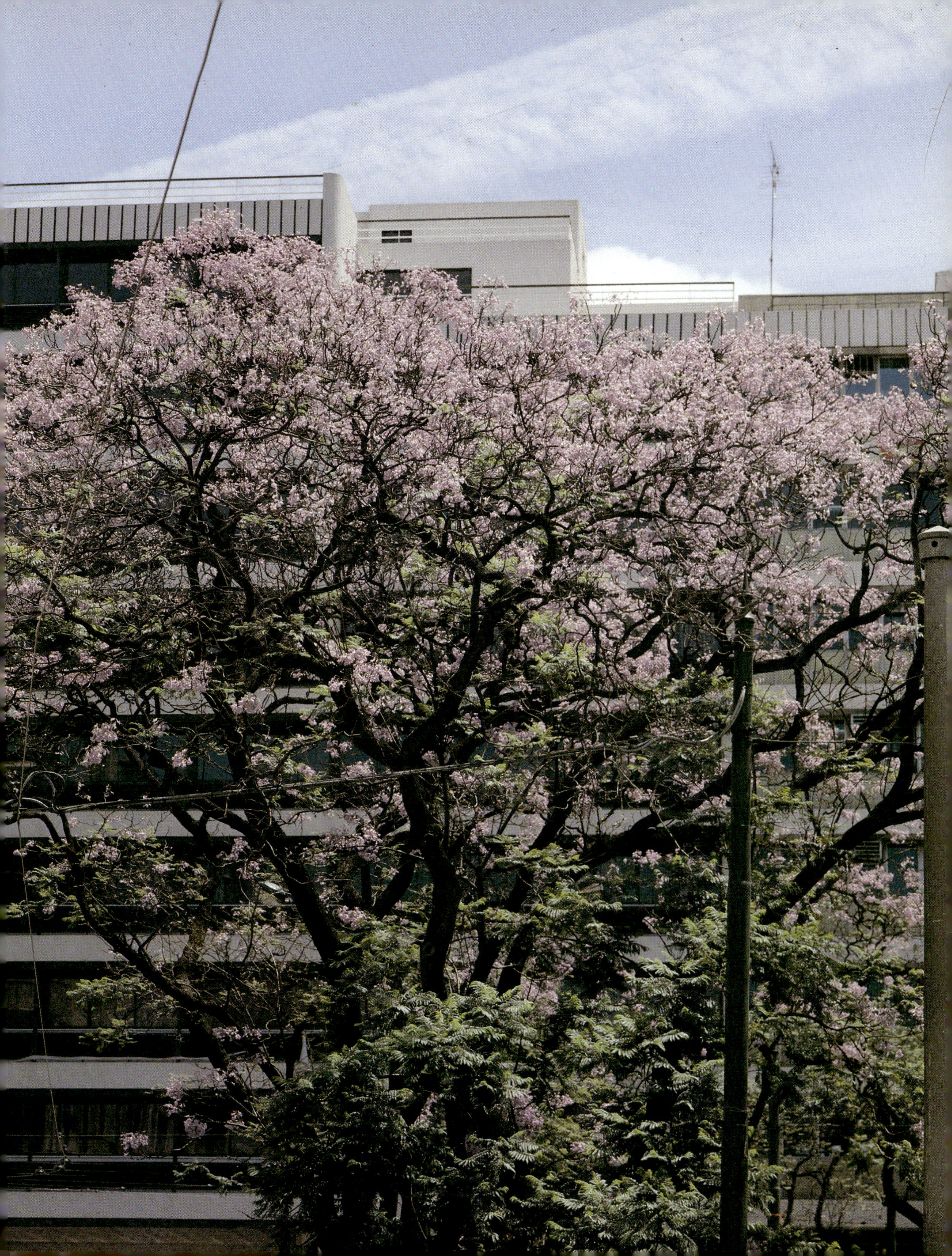

É FÁCIL AMAR LISBOA
IT IS EASY TO LOVE LISBON

Texto de Luís Forjaz Trigueiros
Fotografia de Nuno Calvet
Tradução inglesa do Prof. George Dykes

Editorial Verbo • Lisboa/São Paulo

Composto na Fotocompográfica
Impresso na Printer Portuguesa
em Abril de 1989
N.º Ed. 1825
Dep. legal n.º 27 444/89

ISBN 972-22-11757